AN INVITATION TO
GERMAN

by MARGARITA MADRIGAL
and URSULA MEYER

SIMON AND SCHUSTER · NEW YORK

A Fireside Book
Published by Simon and Schuster
A Division of Gulf & Western Corporation
Simon & Schuster Building
Rockefeller Center
1230 Avenue of the Americas
New York, New York 10020
Manufactured in the United States of America

2   3   4   5   6   7   8   9   10   11
1   2   3   4   5   6   7   8   9   10   Pbk.

Library of Congress Cataloging in Publication Data

Madrigal, Margarita.
    An invitation to German.

    "A Fireside book."
    Includes index.
    1. German language—Grammar—1950-   I.   Meyer,
Ursula, 1933-   joint author.   II.   Title.
PF3112.M3   1978   438'.3   75-156159

ISBN 0-671-20956-6
ISBN 0-671-24234-2 Pbk.

INVITATION

It will be easy for you to learn German from this book. We have purposely selected a great many German words that are just like English words so that as you read the lessons you will find that you are on familiar ground. This will give you confidence as you proceed through the book. You will learn to speak by speaking. With this method you bypass tedious memorizing. You will find that you retain the material, because the sentences are natural, logical, and similar to English.

There are no wordy grammatical rules in this book. Grammar is presented so simply that you absorb it at once. In fact, you won't even think of it as grammar, but simply as a basic guideline to correct speech. As a result, you will find that learning German is a pleasure. You will begin to speak it in the very first lesson.

Many people are defeated in learning languages because they do not have a good method. This will not happen to you. In writing this book the authors have put a lot of effort into making the material amusing, easy to learn, and easy to retain. Read the first lesson and see for yourself.

CONTENTS

Instructions   11

Key to Pronunciation   13

1 **Wo ist?** *where is?*   15

2 **Wo ist?** *where is?* (continued)   17

3 Adjectives: **gross,** *big;* **klein,** *little;* **schön,** *beautiful*   19

4 Conversation: **wo ist?** *where is?;* adjectives   21

5 **Im Garten,** *in the garden*   23

6 Feminine Plurals   25

7 **Wo sind?** *where are?*   28

8 **Ich gehe,** *I'm going*   30

9 **Im Supermarkt,** *in the supermarket;* **ich kaufe,**
   I buy   32

10 Present tense   34

11 Present tense (continued)   36

12 **Die Sonne,** *the sun;* **der Mond,** *the moon;* **die Sterne,**
   the stars   38

13 **Ich mag,** *I like*   40

14 **Ich sehe,** *I see*   43

15 **Es gibt,** *there is, there are*   45

16 **Hamburg. Es gibt,** *there is, there are* (continued)   47

17 **Es gibt,** *there is, there are;* **im Supermarkt,**
   in the supermarket   49

18 **Es gibt,** *there is, there are;* **im Kaufhaus,**
   in the department store   51

19 Past tense of regular verbs: **ich habe gekauft,**
   I bought; word order   53

20 **Limonade,** *lemonade;* past tense of regular verbs
   (continued); word order   56

21 **Ich habe gewaschen,** *I washed;* **ich habe gesehen,**
   I saw   59
22 **Im Zirkus,** *in the circus;* word order   62
23 Conversation in the past tense (irregular verbs);
   word order   65
24 **Karl hat,** *Karl has*   68
25 Past tense (continued); word order   71
26 **Karl hat gekauft,** *Karl bought;* clothes   74
27 **Marie hat gewaschen,** *Marie washed*   77
28 Past tense of **machen,** *to make*   80
29 **Ich werde,** *I'm going to, I shall*   83
30 **Ich muss,** *I have to, I must*   86
31 **Ich kann,** *I can*   90
32 **Sein,** *to be*   94
33 Verbs formed with **sein; ich bin gegangen,** *I went;*
   wir sind gegangen, *we went*   97
34 Telling time   101
Numbers   105
Days of the week   106
Months of the year   107
Seasons   107
Meals   107
Story: „Die frechen Küken," *The Insolent Chicks*   108
Grammar Section
   No. 1 Articles   119
   No. 2 Nouns   120
   No. 3 Spelling Differences   122
   No. 4 Verbs   124
   No. 5 Contractions   135
   No. 6 Word Order   135
   No. 7 Declension of Articles   137
Vocabulary   142
Index   157

10

INSTRUCTIONS

1. Read each word in the vocabulary carefully. When you see a German word that is like an English word, repeat it several times so that you will retain it. It is a pleasure to say German words aloud.
2. Read each KONVERSATION aloud and clearly. This will train your ear and give you a feeling for the German language. It will also make it easier for you to understand Germans when they speak.
3. Try to speak in complete sentences from the very first lesson.
4. Make up sentences of your own, using the words in the lessons.
5. Do not dwell too long on any lesson. It is better to go through the lessons briskly and to review often.
6. REVIEW. Review is of vital importance. After you have finished five lessons, go back and review all the lessons again. Read Lessons 1 to 5 rapidly. This will help you to retain the material. After Lessons 10, 15, 20, 25, and 30, review all the previous lessons rapidly. Speed is important.

If you follow these instructions carefully you will be able to speak rapidly and understand fast German conversation.

Key to Pronunciation

a—*ah* as in *art, star*
ä—*e* as in *best*
e—*e* as in *best* or as in *weight*
i—*i* as in *marine* or as in *sing*
o—*o* as in *obey* or as in *offer*
ö—*u* as in *fur*
u—*oo* as in *stool* or *u* as in *put*
ü—round the lips as if to say *oo*, but say *ee* instead
ei—*i* as in *kind*
eu—*oy* as in *toy*
au—*ou* as in *out*
ai—*i* as in *sight*
äu—*oy* as in *toy*
ie—*ee* as in *seen*
b—as in *boy*
ch—*h* as in *horse*. This is a strong *h*.
g—*g* as in *gift*
j—*y* as in *yard*
s—*z* as in *zoo* (before a vowel), or *s* as in *sit*
sch—*sh* as in *shine*
sp—*shp,* at the beginning of a word
st—*sht,* at the beginning of a word
th—*t* as in *tea*
v—*f* as in *fun*
w—*v* as in *vest*
z—*ts* as in *cats*

LEKTION EINS

1

der Bus

REMEMBER THESE WORDS

der Bus, *the bus*
der Tourist, *the tourist*
der Garten, *the garden*
der Hund, *the dog*
schön, *beautiful*
wunderschön, *very beautiful*
hier, *here*

im, *in the, at the*
im Park, *in the park*
im Garten, *in the garden*
im Hotel, *in the hotel*
im Restaurant, *in the restaurant*
im Bus, *in the bus*
ja, *yes*

ist, *is*
wo, *where*
wo ist? *where is?*

KONVERSATION

Wo ist Fritz? *Where is Fritz?*
Fritz ist im Park. *Fritz is in the park.*

Wo ist Marie?
Marie ist im Garten.

der Park

15

Wo ist der Tourist?
Der Tourist ist im Hotel.

Ist der Tourist im Restaurant?
Ja, der Tourist ist im Restaurant.

Restaurant

Ist Barbara im Hotel?
Ja, Barbara ist im Hotel.

Ist Barbara im Restaurant?
Ja, Barbara ist im Restaurant.

Wo ist der Bus?
Der Bus ist hier.

Ist Albert im Bus?
Ja, Albert ist im Bus.

der Garten

Wo ist Sylvia?
Sylvia ist im Garten.

Ist der Hund im Garten?
Ja, der Hund ist im Garten.

Ist der Garten schön?
Ja, der Garten ist wunderschön.

der Hund

Useful Expressions

Guten Morgen! *Good morning.*
Guten Abend! *Good evening.*
Bitte. *Please. You're welcome.*
Danke. *Thank you.*

Guten Morgen!

LEKTION ZWEI

2

das Theater

REMEMBER THESE WORDS

das Restaurant, *the restaurant*
das Hotel, *the hotel*
sehr, *very*
gut, *good*
sehr gut, *very good*
das Orchester, *the orchestra*
das Programm, *the program*
der Film, *the film*
ist, *is*

im, *in the, at the*
im Hotel, *in the hotel*
im Park, *in the park*
im Restaurant, *in the restaurant*
im Theater, *in the theater*
im Konzert, *at the concert*
im Kino, *at the movies*
wo? *where?*
wo ist? *where is?*

KONVERSATION

Wo ist das Restaurant? *Where is the restaurant?*
Das Restaurant ist im Hotel. *The restaurant is in the hotel.*

Wo ist das Hotel?
Das Hotel ist im Park.

17

der Park

Wo ist Hans?
Hans ist im Hotel.

Wo ist Barbara?
Barbara ist im Restaurant.

das Restaurant

Ist das Restaurant gut?
Ja, das Restaurant ist sehr gut.

Wo ist Fritz?
Fritz ist im Theater.

Ist Otto im Konzert?
Ja, Otto ist im Konzert.

Ist das Programm gut?
Ja, das Programm ist gut.

Fritz

Ist das Orchester gut?
Ja, das Orchester ist sehr gut.

Wo ist Albert?
Albert ist im Kino.

Ist Marie im Kino?
Ja, Marie ist im Kino.

Ist der Film gut?
Ja, der Film ist sehr gut.

LEKTION DREI

3

das Haus

REMEMBER THESE WORDS

das Haus, *the house*
das Auto, *the car*
das Schiff, *the ship*
das Baby, *the baby*
klein, *little, small*
gross, *big*
schön, *beautiful*

sehr schön, *very beautiful*
im Garten, *in the garden*
im Park, *in the park*
hier, *here*
nein, *no*
wo ist? *where is?*
ist nicht, *is not*

KONVERSATION

Ist das Hotel gross? *Is the hotel big?*
Ja, das Hotel ist gross. *Yes, the hotel is big.*

Ist das Restaurant gross?
Ja, das Restaurant ist gross.

Ist das Haus gross?
Ja, das Haus ist gross.

das Restaurant

Ist das Haus schön?
Ja, das Haus ist schön.

das Auto

Ist das Auto klein?
Nein, das Auto ist nicht klein. Das Auto ist gross.

Ist das Auto schön?
Ja, das Auto ist sehr schön.

Ist das Schiff klein?
Oh nein, das Schiff ist nicht klein. Das Schiff ist gross.

Ist das Schiff schön?
Oh ja, das Schiff ist sehr schön.

das Schiff

Ist das Baby klein?
Ja, das Baby ist klein.

Ist das Baby schön?
Oh ja, das Baby ist sehr schön.

das Baby

Wo ist das Baby?
Das Baby ist im Garten.

Wo ist Fritz?
Fritz ist im Garten.

Wo ist Albert?
Albert ist hier.

Ist Marie hier?
Nein, Marie ist nicht hier. Marie ist im Park.

der Park

LEKTION VIER

4

die Gitarre

REMEMBER THESE WORDS

die Gitarre, *the guitar*
die Kamera, *the camera*
die Katze, *the cat*
im Garten, *in the garden*
im Haus, *in the house*
im Kino, *at the movies*
wunderschön, *very beautiful*

gross, *big*
klein, *little*
der Film, *the film*
gut, *good*
sehr gut, *very good*
wo ist? *where is?*
ist nicht, *is not*

KONVERSATION

Ist die Katze klein? *Is the cat little?*
Ja, die Katze ist klein. *Yes, the cat is little.*

Wo ist die Katze?
Die Katze ist im Garten.

die Katze

Ist Fritz im Garten?
Nein, Fritz ist nicht im Garten. Fritz ist im Haus.

Ist die Gitarre im Haus?
Ja, die Gitarre ist im Haus.

Ist die Kamera im Haus?
Ja, die Kamera ist im Haus.

Ist die Kamera gross?
Nein, die Kamera ist nicht gross.

das Haus

Ist die Kamera klein?
Ja, die Kamera ist klein.

Ist die Kamera gut?
Oh ja, die Kamera ist sehr gut.

Wo ist die Gitarre?
Die Gitarre ist im Haus.

die Kamera

Wo ist die Kamera?
Die Kamera ist im Haus.

Wo ist Marie?
Marie ist im Restaurant.

Wo ist Sylvia?
Sylvia ist hier.

Wo ist Albert?
Albert ist im Kino.

das Restaurant

Ist der Film gut?
Ja, der Film ist wunderschön.

NOTE: If you would like to know more about **der, die, das**
   (*the*), see pages 119–122.

22

LEKTION FÜNF

5

Blumen

REMEMBER THESE WORDS

eine Kamera, *a camera*
die Kamera, *the camera*
eine Katze, *a cat*
die Katze, *the cat*
der Garten, *the garden*
im Garten, *in the garden*
Blumen, *flowers*
Rosen, *roses*
Tulpen, *tulips*

Gras, *grass*
schön, *beautiful*
sehr, *very*
sehr schön, *very beautiful*
gut, *good*
sehr gut, *very good*
ist, *is*
wo, *where*
wo ist? *where is?*

haben Sie? *have you?*
ich habe, *I have*

KONVERSATION

Haben Sie eine Kamera? *Have you a camera?*
Ja, ich habe eine Kamera. *Yes, I have a camera.*

Ist die Kamera gut?
Ja, die Kamera ist sehr gut.

Haben Sie eine Katze?
Ja, ich habe eine Katze.

die Katze

Wo ist die Katze?
Die Katze ist im Garten.

Ist der Garten schön?
Ja, der Garten ist sehr schön.

Haben Sie Blumen im Garten?
Ja, ich habe Blumen im Garten.

Haben Sie Rosen im Garten?
Ja, ich habe Rosen im Garten.

Rosen

Haben Sie Tulpen im Garten?
Ja, ich habe Tulpen im Garten.

Haben Sie Gras im Garten?
Ja, ich habe Gras im Garten.

NOTE: If you would like to know more about **eine** (*a, an*),
see page 120.

Useful Expressions

Gute Nacht. *Good night.*
Ich habe Hunger. *I am hungry.* (*I have hunger.*)
Ich habe Durst. *I am thirsty.* (*I have thirst.*)
Sie haben recht. *You are right.* (*You have right.*)

Gute Nacht.

LEKTION SECHS

6

der Garten

REMEMBER THESE WORDS

Blumen, *flowers*	**rot,** *red*
die Rosen, *the roses*	**viele,** *many*
die Tulpen, *the tulips*	**viele Rosen,** *many roses*
die Tomaten, *the tomatoes*	**sehr schön,** *very beautiful*
die Sardinen, *the sardines*	**wunderschön,** *simply beautiful*
die Oliven, *the olives*	**die Kinder,** *the children*
die Bananen, *the bananas*	**die Katze,** *the cat*
die Orangen, *the oranges*	**haben Sie?** *have you?*
köstlich, *delicious*	**ich habe,** *I have*
ist, *is*	**sind,** *are*
ist nicht, *is not*	**nein,** *no*

KONVERSATION

Haben Sie Blumen im Garten? *Have you flowers in the garden?*

Ja, ich habe Blumen im Garten. *Yes, I have flowers in the garden.*

Haben Sie Rosen im Garten?

Ja, ich habe viele Rosen im Garten.

25

Blumen

Sind die Rosen schön?
Oh ja, die Rosen sind sehr schön.

Sind die Rosen rot?
Ja, die Rosen sind rot.

die Rosen

Haben Sie Tulpen im Garten?
Ja, ich habe Tulpen im Garten.

Sind die Tulpen schön?
Ja, die Tulpen sind wunderschön.

Haben Sie Tomaten im Garten?
Ja, ich habe Tomaten im Garten.

Tomaten

Sind die Tomaten rot?
Ja, die Tomaten sind rot.

die Katze

Ist die Katze im Garten?
Ja, die Katze ist im Garten.

Sind die Kinder im Garten?
Ja, die Kinder sind im Garten.

die Kinder

Ist Peter im Garten?
Nein, Peter ist nicht im Garten. Peter ist im Restaurant.

Ist Marie im Garten?
Nein, Marie ist nicht im Garten. Marie ist im Park.

Practice these words: **köstlich,** *delicious;* **süss,** *sweet.*
Read these sentences aloud. Read them several times, increasing your speed with each reading:

1. Die Rosen sind rot. 2. Die Tulpen sind schön. 3. Die Kinder sind im Garten. 4. Die Tomaten sind köstlich. 5. Die Sardinen sind köstlich. 6. Die Oliven sind köstlich. 7. Die Bananen sind köstlich. 8. Die Orangen sind süss.

die Sardinen

Useful Expressions

Es ist gut. *It's good.*
Es ist phantastisch. *It's fantastic.*
Es ist interessant. *It's interesting.*
Es ist wunderbar. *It's wonderful.*

LEKTION SIEBEN

7

das Brot

REMEMBER THESE WORDS

das Buch, *the book*

das Telephon, *the telephone*

das Brot, *the bread*

das Salz, *the salt*

die Butter, *the butter*

die Limonade, *the lemonade*

der Salat, *the salad*

die Oliven, *the olives*

die Postkarten, *the postcards*

auf dem Tisch, *on the table*

hier, *here*

wo? *where?*

sind, *are*

wo sind? *where are?*

das ist lächerlich, *that's ridiculous (that's laughable)*

KONVERSATION

Wo ist das Buch? *Where is the book?*

Das Buch ist auf dem Tisch. *The book is on the table.*

Wo ist das Telephon?

Das Telephon ist auf dem Tisch.

Wo ist die Butter?

Die Butter ist auf dem Tisch.

das Buch

Wo ist das Salz?

Das Salz ist auf dem Tisch.

das Salz

28

Ist das Brot auf dem Tisch?
Ja, das Brot ist auf dem Tisch.

Wo?
Hier!

die Katze

Ist die Katze auf dem Tisch?
Oh nein, das ist lächerlich. Die Katze ist nicht auf dem
Tisch. Die Katze ist im Garten.

Wo sind die Orangen?
Die Orangen sind auf dem Tisch.

Wo sind die Oliven?
Die Oliven sind auf dem Tisch.

Wo ist der Salat?
Der Salat ist auf dem Tisch.

Tisch

Wo ist die Limonade?
Die Limonade ist auf dem Tisch.

Wo sind die Postkarten?
Hier!

die Limonade

Wo sind die Kinder?
Die Kinder sind im Garten.

die Kinder

LEKTION ACHT

8

das Konzert

REMEMBER THESE WORDS

das Beefsteak, *the beefsteak*   **mein Freund,** *my friend*
das Restaurant, *the restaurant*   **das Programm,** *the program*
ins, *to the*   **das Orchester,** *the orchestra*
ins Restaurant, *to the restaurant*   **sehr,** *very*
ins Kino, *to the movies*   **gut,** *good*
ins Konzert, *to the concert*   **sehr gut,** *very good*
ins Hotel, *to the hotel*   **wunderbar,** *wonderful*
ins Museum, *to the museum*   **nein,** *no*
mit, *with*   **ist,** *is*
mit Albert, *with Albert*   **allein,** *alone*

ich gehe, *I'm going*
gehen Sie? *are you going?*

KONVERSATION

Gehen Sie ins Restaurant? *Are you going to the restaurant?*
Ja, ich gehe ins Restaurant. *Yes, I'm going to the restaurant.*

Gehen Sie mit Albert?
Ja, ich gehe mit Albert.

Ist das Restaurant gut?
Ja, das Restaurant ist wunderbar.

das Restaurant

Ist das Beefsteak gut?
Ja, das Beefsteak ist sehr gut. Das Beefsteak ist wunderbar.

Gehen Sie ins Kino?
Ja, ich gehe ins Kino.

Gehen Sie mit Albert?
Ja, ich gehe mit Albert. Albert ist mein Freund.

Gehen Sie ins Konzert?
Ja, ich gehe ins Konzert.

Ist das Programm gut?
Ja, das Programm ist sehr gut.

Albert

Ist das Orchester gut?
Ja, das Orchester ist sehr gut. Das Orchester ist wunderbar.

Gehen Sie ins Hotel?
Ja, ich gehe ins Hotel.

Gehen Sie mit Albert?
Nein, ich gehe allein.

Gehen Sie ins Museum?
Ja, ich gehe ins Museum.

das Museum

Sight-read the following sentences and say them aloud in German. If you wish to do a more difficult exercise, write the sentences in German.

1. I'm going to the restaurant. 2. I'm going with Albert. 3. The beefsteak is very good. 4. The restaurant is wonderful. 5. I'm going to the movies. 6. I'm going to the concert. 7. The orchestra is wonderful. 8. The program is very good. 9. I'm going to the hotel. 10. Are you going to the hotel?

LEKTION NEUN

9

das Brot

REMEMBER THESE WORDS

Kaffee, *coffee* **Brot,** *bread*
Tee, *tea* **Pumpernickel,** *pumpernickel*
Marmelade, *marmalade* **Butter,** *butter*
Milch, *milk* **Sardinen,** *sardines*
im Supermarkt, *in the supermarket*
kaufen Sie? *do you buy?*
ich kaufe, *I buy*

KONVERSATION

Kaufen Sie Bananen im Supermarkt? *Do you buy bananas
in the supermarket?*
Ja, ich kaufe Bananen im Supermarkt. *Yes, I buy bananas
in the supermarket.*

Kaufen Sie Orangen im Supermarkt?
Ja, ich kaufe Orangen im Supermarkt.

Kaufen Sie Oliven im Supermarkt?
Ja, ich kaufe Oliven im Supermarkt.

Kaufen Sie Butter im Supermarkt?
Ja, ich kaufe Butter im Supermarkt.

die Sardinen

Kaufen Sie Milch im Supermarkt?
Ja, ich kaufe Milch, Butter, Oliven, Orangen und Bananen
im Supermarkt.

Kaufen Sie Sardinen im Supermarkt?
Ja, ich kaufe Sardinen im Supermarkt.

Kaufen Sie Brot im Supermarkt?
Ja, ich kaufe Brot im Supermarkt.

Kaufen Sie Pumpernickel?
Ja, ich kaufe Pumpernickel.

Kaufen Sie Kaffee im Supermarkt?
Ja, ich kaufe Kaffee im Supermarkt.

Kaffee

Kaufen Sie Tee?
Ja, ich kaufe Tee.

Kaufen Sie Marmelade im Supermarkt?
Ja, ich kaufe Marmelade im Supermarkt.

LEKTION ZEHN

10

Ich bade im Badezimmer.
I bathe in the bathroom.

REMEMBER THESE WORDS

Deutsch, *German* (language)   **wo?** *where?*
Englisch, *English* (language) **zu Hause,** *at home*
mit, *with*   **im Badezimmer,** *in the bathroom*
mit Karl, *with Karl*   **Wasser,** *water*
mit Marie, *with Marie*   **mit Wasser,** *with water*
   sprechen Sie? *do you speak?*   **ich spreche,** *I speak*
   studieren Sie? *do you study?*   **ich studiere,** *I study*
   baden Sie? *do you bathe?*   **ich bade,** *I bathe*

KONVERSATION

Sprechen Sie Deutsch? *Do you speak German?*
Ja, ich spreche Deutsch. *Yes, I speak German.*

Sprechen Sie Englisch?
Ja, ich spreche Englisch.

Sprechen Sie Englisch zu Hause?
Ja, ich spreche Englisch zu Hause.

Sprechen Sie Deutsch zu Hause?
Nein, ich spreche Englisch zu Hause.

zu Hause

Studieren Sie Deutsch?
Ja, ich studiere Deutsch.

Wo studieren Sie?
Ich studiere zu Hause.

Studieren Sie mit Karl?
Ja, ich studiere mit Karl.

Studieren Sie mit Marie?
Ja, ich studiere mit Marie.

Studieren Sie im Garten?
Ja, ich studiere im Garten.

Baden Sie im Badezimmer?
Ja, ich bade im Badezimmer.

Ich bade

Baden Sie mit Wasser?
Ja, ich bade mit Wasser.

Useful Expressions

Verstehen Sie? *Do you understand?*
Ich verstehe. *I understand.*
Was ist los? *What's the matter?*
Natürlich! *Naturally. Of course.*

LEKTION ELF

11

ein Auto

REMEMBER THESE WORDS

Onkel Fritz, *Uncle Fritz*
kommt, *comes, is coming*
morgen, *tomorrow*
mit dem Bus, *by bus*
zur Party, *to the party*

hat, *has*
eine Kamera, *a camera*
eine Gitarre, *a guitar*
ein Auto, *a car*
sehr gut, *very good*

NOTE: If you would like to know more about ein, eine (*a, an*), see page 120.

KONVERSATION

Wo ist Karl? *Where is Karl?*
Karl ist in Berlin. *Karl is in Berlin.*

Kommt Karl morgen? *Is Karl coming tomorrow?*
Ja, Karl kommt morgen.

Kommt Karl mit dem Bus? *Is Karl coming by bus?*
Ja, Karl kommt mit dem Bus.

der Bus

Kommt Karl mit Marie?
Ja, Karl kommt mit Marie.

Onkel Fritz

Kommt Onkel Fritz?
Ja, Onkel Fritz kommt. Onkel Fritz kommt mit Karl und
  Marie.

Kommt Karl zur Party?
Ja, Karl kommt zur Party.

Kommt Marie zur Party?
Ja, Marie kommt zur Party. Marie kommt mit Karl.

Hąt Marie eine Kamera?
Ja, Marie hat eine Kamera. Die Kamera ist sehr gut.

Hat Onkel Fritz ein Auto?　　　　　**eine Kamera**
Ja, Onkel Fritz hat ein Auto.

Hat Karl eine Gitarre?
Ja, Karl hat eine Gitarre.

die Gitarre

Useful Expressions

Wie geht es Ihnen? *How are you?*
Das ist gut. *That's good.*
Das ist wunderbar. *That's wonderful.*
Das ist phantastisch. *That's fantastic.*
Das ist interessant. *That's interesting.*
Das ist genug. *That's enough.*
Kommen Sie her! *Come here.*

LEKTION ZWÖLF

12

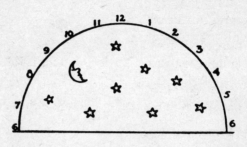

der Himmel

REMEMBER THESE WORDS

die **Sonne,** *the sun*

der **Mond,** *the moon*

die **Sterne,** *the stars*

der **Himmel,** *the sky*

am **Himmel,** *in the sky*

schön, *beautiful*

wunderschön, *very beautiful*

das ist lächerlich, *that's ridiculous*

sind, *are*

sind nicht, *are not*

rot, *red*

blau, *blue*

grün, *green*

Gras, *grass*

Pflanzen, *plants*

Rosen, *roses*

die **See,** *the sea*

wo, *where*

wo sind? *where are?*

KONVERSATION

Wo sind die Sterne? *Where are the stars?*

Die Sterne sind am Himmel. *The stars are in the sky.*

die Stern

38

Sind die Sterne schön?
Oh ja, die Sterne sind wunderschön.

Wo ist der Mond?
Der Mond ist am Himmel.

der Mond

Ist der Mond schön?
Ja, der Mond ist wunderschön.

Wo ist die Sonne?
Die Sonne ist am Himmel.

Ist der Himmel blau?
Ja, der Himmel ist blau.

die Sonne

Ist der Himmel schön?
Ja, der Himmel ist wunderschön.

Ist Gras blau?
Nein, das ist lächerlich. Gras ist nicht blau.

Ist Gras grün?
Ja, Gras ist grün.

Sind Pflanzen grün?
Ja, Pflanzen sind grün.

Rosen

Sind Rosen blau?
Das ist lächerlich. Rosen sind nicht blau. Rosen sind rot.

Ist die See blau?
Ja, die See ist sehr blau. Die See ist wunderschön.

LEKTION DREIZEHN

13

der Kuchen

REMEMBER THESE WORDS

Orangen, *oranges*
Zitronen, *lemons*
Oliven, *olives*
Sardinen, *sardines*
Sauerkraut, *sauerkraut*
sauer, *sour*

Nudelsuppe, *noodle soup*
salzig, *salty*
Kuchen, *cake, cakes*
Schokoladenkuchen, *chocolate cake*
süss, *sweet*
sind nicht, *are not*

das ist lächerlich, *that's ridiculous*
mögen Sie? *do you like?*
ich mag, *I like*

KONVERSATION

Mögen Sie Bananen? *Do you like bananas?*
Ja, ich mag Bananen. *Yes, I like bananas.*

Bananen

Mögen Sie Orangen?
Ja, ich mag Orangen.

Sind die Orangen süss?
Ja, die Orangen sind süss.

Mögen Sie Oliven?
Ja, ich mag Oliven.

Sind die Oliven süss?
Ach nein, die Oliven sind nicht süss. Die Oliven sind
    salzig.

Mögen Sie Sardinen?
Ja, ich mag Sardinen.

Sind die Sardinen süss?

Sardinen

Ach nein, das ist lächerlich. Die Sardinen sind nicht süss.
    Die Sardinen sind salzig.

Mögen Sie Zitronen?
Ja, ich mag Zitronen.

Sind die Zitronen süss?

Zitronen

Nein, die Zitronen sind nicht süss. Die Zitronen sind sauer.

Mögen Sie Sauerkraut?
Ja, ich mag Sauerkraut.

Ist das Sauerkraut sauer?
Oh ja, das Sauerkraut ist sauer.

Mögen Sie Nudelsuppe?
Ja, ich mag Nudelsuppe.

Ist die Nudelsuppe sauer?
Nein, die Nudelsuppe ist nicht sauer. Die Nudelsuppe ist
    salzig.

Mögen Sie Kuchen?
Ja, ich mag Kuchen.

41

Kuchen

Mögen Sie Schokoladenkuchen?
Ja, ich mag Schokoladenkuchen.

	mögen, *to like*		
I like	ich mag	wir mögen	*we like*
you like	Sie mögen	Sie mögen	*you (pl.) like*
he likes	er mag	sie mögen	*they like*
she likes	sie mag		
it likes	es mag		

Useful Expressions

Es schmeckt gut. (*It is good.*) *It tastes good.*
Die Suppe schmeckt gut. *The soup is good. (The soup tastes good.)*
Das Sauerkraut schmeckt gut. *The sauerkraut is good.*
Der Kuchen schmeckt gut. *The cake is good.*
Der Schokoladenkuchen schmeckt gut. *The chocolate cake is good.*

LEKTION VIERZEHN

14

REMEMBER THESE WORDS

die Sonne, *the sun*
die Sterne, *the stars*
ein Schiff, *a ship*
ein Paket, *a package*
ein Buch, *a book*
ein Klavier, *a piano*
ein Hühnchen, *a chicken*
ein Schwein, *a pig*

die Schuhe, *the shoes*
die Socken, *the socks*
die Handschuhe, *the gloves*
eine Uhr, *a watch*
eine Tasse Kaffee, *a cup of coffee*
mein Grossvater, *my grandfather*
was, *what*
das ist, *that is*

Wer ist das? *Who is that?*
sehen Sie? *do you see?*
ich sehe, *I see*

KONVERSATION

Was sehen Sie?
What do you see?

Ich sehe eine Katze.
I see a cat.

Was sehen Sie?

Ich sehe ein Hühnchen.

Was sehen Sie?

Ich sehe eine Rose.

Was sehen Sie?

Ich sehe die Sonne.

Was sehen Sie?   Ich sehe die Sterne.

Was sehen Sie?   Ich sehe ein Schiff.

Was sehen Sie?   Ich sehe ein Paket.

Was sehen Sie?   Ich sehe die Schuhe.

Was sehen Sie?   Ich sehe die Socken.

Was sehen Sie?   Ich sehe die Handschuhe.

Was sehen Sie?   Ich sehe ein Buch.

Was sehen Sie?   Ich sehe eine Tasse Kaffee.

Was sehen Sie?   Ich sehe ein Klavier.

Was sehen Sie?   Ich sehe eine Uhr.

Was sehen Sie?   Ich sehe ein Schwein.

Wer ist das?   Das ist mein Grossvater.

NOTE: If you want to learn the complete present tense of **sehen** (*to see*), see page 130.

LEKTION FÜNFZEHN

15

das Museum

REMEMBER THESE WORDS

im Park, *in the park*
im Hotel, *in the hotel*
ein Schwimmbad, *a swimming pool*
eine Garage, *a garage*
ein Museum, *a museum*
Konzerte, *concerts*

Blumen, *flowers*
die Rosen, *the roses*
die Pflanzen, *the plants*
das Gras, *the grass*
grün, *green*
rot, *red*

gibt es? *is there? are there?*
es gibt, *there is, there are*

KONVERSATION

Gibt es ein Hotel im Park? *Is there a hotel in the park?*
Ja, es gibt ein Hotel im Park. *Yes, there is a hotel in the park.*

Gibt es ein Restaurant im Hotel?
Ja, es gibt ein Restaurant im Hotel.

Gibt es ein Schwimmbad im Hotel?
Ja, es gibt ein Schwimmbad im Hotel.

Gibt es eine Garage im Hotel?
Ja, es gibt eine Garage im Hotel.

Gibt es Blumen im Park?
Ja, es gibt Blumen im Park.

Gibt es Rosen im Park?
Ja, es gibt Rosen im Park.

Blumen

Sind die Rosen rot?
Ja, die Rosen sind rot.

Gibt es Pflanzen im Park?
Ja, es gibt Pflanzen im Park.

Gibt es Gras im Park?
Ja, es gibt Gras im Park.

Ist das Gras grün?
Ja, das Gras ist grün.

der Park

Gibt es ein Schwimmbad im Park?
Ja, es gibt ein Schwimmbad im Park.

Gibt es ein Restaurant im Park?
Ja, es gibt ein Restaurant im Park.

Gibt es ein Museum im Park?
Ja, es gibt ein Museum im Park.

das Restaurant

Gibt es Konzerte im Park?
Ja, es gibt Konzerte im Park.

LEKTION SECHZEHN

16

das Schiff

REMEMBER THESE WORDS

eine Stadt, *a city*
klein, *little, small*
gross, *big*
schön, *beautiful*
wunderschön, *very beautiful*
phantastisch, *fantastic*
bringen, *to bring*
Kaffee, *coffee*
Maschinen, *machines*
in Hamburg, *in Hamburg*

viele Parks, *many parks*
viele Theater, *many theaters*
viele Hotels, *many hotels*
viele Restaurants, *many restaurants*
viele Schiffe, *many ships*
Benzin, *gasoline*
Petroleum, *petroleum*
und, *and*

Was bringen die Schiffe? *What do the ships bring?*
viele andere Dinge, *many other things*
gibt es? *is there? are there?*
es gibt, *there is, there are*

KONVERSATION

Ist Hamburg eine Stadt? *Is Hamburg a city?*
Ja, Hamburg ist eine Stadt. *Yes, Hamburg is a city.*

Ist Hamburg klein?
Nein, Hamburg ist nicht klein. Hamburg ist gross.

Ist Hamburg schön?
Oh ja, Hamburg ist wunderschön.

ein Park

Gibt es viele Parks in Hamburg? *Are there many parks in
Hamburg?*
Ja, es gibt viele Parks in Hamburg. *Yes, there are many
parks in Hamburg.*

Gibt es viele Restaurants in Hamburg?
Ja, es gibt viele Restaurants in Hamburg. Die Restaurants
in Hamburg sind phantastisch.

Gibt es viele Theater in Hamburg?
Ja, es gibt viele Theater in Hamburg.

ein Theater

Gibt es viele Hotels in Hamburg?
Ja, es gibt viele Hotels in Hamburg. Die Hotels in Hamburg sind sehr gut.

Gibt es Schiffe in Hamburg?
Ja, es gibt viele Schiffe in Hamburg.

Was bringen die Schiffe?
Die Schiffe bringen Oliven, Sardinen, Bananen, Orangen,
Kaffee, Benzin, Petroleum, Maschinen und viele andere
Dinge.

Sardinen

48

das Brot

REMEMBER THESE WORDS

im Supermarkt, *in the supermarket*
Tomaten, *tomatoes*
Sauerkraut, *sauerkraut*
der Mais, *the corn*
der Zucker, *the sugar*
die Kuchen, *the cakes*

die Bonbons, *the hard candy*
das Brot, *the bread*
frisch, *fresh*
köstlich, *delicious*

gibt es? *is there? are there?*
es gibt, *there is, there are*

KONVERSATION

Gibt es Orangen im Supermarkt? *Are there oranges in the supermarket?*
Ja, es gibt Orangen im Supermarkt. *Yes, there are oranges in the supermarket.*

Gibt es Zucker im Supermarkt?
Ja, es gibt Zucker im Supermarkt.

Gibt es Tomaten im Supermarkt?
Ja, es gibt Tomaten im Supermarkt.

Sind die Tomaten gut?
Ja, die Tomaten sind sehr gut.

Tomaten

Gibt es Mais im Supermarkt?
Ja, es gibt Mais im Supermarkt.

Ist der Mais gut?
Ja, der Mais ist sehr gut.

Gibt es Sauerkraut im Supermarkt?
Ja, es gibt Sauerkraut im Supermarkt.

Gibt es Brot im Supermarkt?
Ja, es gibt Brot im Supermarkt.

Mais

Ist das Brot frisch?
Ja, das Brot ist frisch.

Gibt es Kuchen im Supermarkt?
Ja, es gibt Kuchen im Supermarkt.

Sind die Kuchen frisch?
Ja, die Kuchen sind frisch.

Sind die Kuchen köstlich?
Ja, die Kuchen sind köstlich.

Kuchen

Gibt es Bonbons im Supermarkt?
Ja, es gibt Bonbons im Supermarkt.

Sind die Bonbons gut?
Ja, die Bonbons sind köstlich.

LEKTION ACHTZEHN
18

Schuhe

Socken

REMEMBER THESE WORDS

im Kaufhaus, *in the department store (in the buy house)*
Blusen, *blouses*
Pullover, *sweaters*
Krawatten, *neckties*

Socken, *socks*
viele Socken, *many socks*
Schuhe, *shoes*
Handschuhe, *gloves*
sehr schön, *very beautiful*

viele schöne Pullover, *many beautiful sweaters*
gibt es? *is there? are there?*
es gibt, *there is, there are*

KONVERSATION

Gibt es Blusen im Kaufhaus? *Are there blouses in the department store?*
Ja, es gibt Blusen im Kaufhaus. *Yes, there are blouses in the department store.*

Sind die Blusen schön?
Ja, die Blusen sind sehr schön.

Gibt es Pullover im Kaufhaus?
Ja, es gibt Pullover im Kaufhaus. Es gibt viele schöne Pullover im Kaufhaus.

Gibt es Krawatten?
Ja, es gibt Krawatten.

Krawatten

Gibt es Socken im Kaufhaus?
Ja, es gibt Socken im Kaufhaus. Es gibt viele Socken im Kaufhaus.

Gibt es Schuhe im Kaufhaus?
Ja, es gibt Schuhe im Kaufhaus.

Schuhe

Handschuhe

Gibt es Handschuhe?
Ja, es gibt Handschuhe.

In German you don't say *There aren't any;* you say *There are no:* **Es gibt keine.**

Es gibt keine. *There are no. There aren't any.*
1. Es gibt keine Krawatten im Kaufhaus. *There aren't any neckties in the department store. (There are no neckties in the department store.)*
2. Es gibt keine Socken im Kaufhaus. *There aren't any socks in the department store.*
3. Es gibt keine Orangen im Supermarkt. *There aren't any oranges in the supermarket.*
4. Es gibt keine Blumen im Supermarkt. *There aren't any flowers in the supermarket.*
5. Es gibt keine Kirschen im Supermarkt. *There aren't any cherries in the supermarket.*
6. Es gibt keine Zigaretten im Supermarkt. *There aren't any cigarettes in the supermarket.*
7. Es gibt keine Bohnen im Supermarkt. *There aren't any beans in the supermarket.*

LEKTION NEUNZEHN
19

eine Uhr

REMEMBER THESE WORDS

eine Uhr, *a watch, a clock*
eine Krawatte, *a necktie*
Schuhe, *shoes*
braune Schuhe, *brown shoes*

Handschuhe, *gloves*
Socken, *socks*
ein Schwein, *a pig*
kein Schwein, *no pig*

das ist lächerlich, *that's ridiculous*
haben Sie? *have you?*
ich habe, *I have*
haben Sie gekauft? *did you buy?*
have you bought?
ich habe gekauft, *I bought, I have bought*

KONVERSATION

Haben Sie ein Radio? *Have you a radio?*
Ja, ich habe ein Radio. *Yes, I have a radio.*

Haben Sie Telephon?
Ja, ich habe Telephon.

Haben Sie eine Uhr?
Ja, ich habe eine Uhr.

eine Uhr

Haben Sie ein Radio gekauft? *Did you buy a radio?* (*Have you a radio bought?*)
Ja, ich habe ein Radio gekauft. *Yes, I bought a radio.* (*Yes, I have a radio bought.*)

Haben Sie Schuhe gekauft?
Ja, ich habe Schuhe gekauft.

Schuhe

Haben Sie braune Schuhe gekauft?
Ja, ich habe braune Schuhe gekauft.

Haben Sie Handschuhe gekauft?
Ja, ich habe Handschuhe gekauft.

Handschuhe

Haben Sie Socken gekauft?
Ja, ich habe Socken gekauft.

Socken

Haben Sie eine Krawatte gekauft?
Ja, ich habe eine Krawatte gekauft.

Ist die Krawatte schön?
Ja, die Krawatte ist sehr schön.

eine Krawatte

Haben Sie eine Gitarre gekauft?
Ja, ich habe eine Gitarre gekauft.

Haben Sie eine Kamera gekauft?
Ja, ich habe eine Kamera gekauft.

eine Gitarre

Haben Sie ein Schwein gekauft?
Ach nein, das ist lächerlich. Ich habe kein Schwein gekauft. *I didn't buy a pig.* (*I have no pig bought.*)

54

ein Schwein

POSITION OF VERBS IN THE PAST TENSE

VERB	WHAT	VERB
Ich habe	ein Radio	gekauft.
I have	*a radio*	*bought.*
Ich habe	Schuhe	gekauft.
I have	*shoes*	*bought.*
Ich habe	Handschuhe	gekauft.
I have	*gloves*	*bought.*
Haben Sie	eine Krawatte	gekauft?
Have you	*a necktie*	*bought?*

NOTE: If you would like to know the complete past tense of **kaufen** (*to buy*), see page 126.

| die Zitronen | Limonade | die Zuckerdose |

REMEMBER THESE WORDS

die Zitronen, *the lemons*

der Zucker, *the sugar*

süss, *sweet*

sauer, *sour*

die Limonade, *the lemonade*

im Glas, *in the glass*

mit Wasser, *with water*

mit Zitronen, *with lemons*

mit Zucker, *with sugar*

in der Zuckerdose, *in the sugar bowl*

der Salat, *the salad*

der Tomatensalat, *the tomato salad*

ein Butterbrot, *a sandwich*

heiss, *hot*

kalt, *cold*

köstlich, *delicious*

ist nicht, *is not*

sind nicht, *are not*

natürlich, *naturally*

Gott sei Dank, *thank God*

haben Sie gekauft? *did you buy? have you bought?*

ich habe gekauft, *I bought, I have bought*

haben Sie gemacht? *did you make? have you made?*

ich habe gemacht, *I made, I have made*

KONVERSATION

Haben Sie Zitronen gekauft? *Did you buy lemons?*
Ja, ich habe Zitronen gekauft. *Yes, I bought lemons.*

Haben Sie Zucker gekauft?
Ja, ich habe Zucker gekauft.

Haben Sie Zucker im Supermarkt gekauft?
Natürlich! Ich habe Zucker im Supermarkt gekauft.

Ist der Zucker süss?
Ja, der Zucker ist süss.

Zitronen

Sind die Zitronen süss?
Ach nein, die Zitronen sind nicht süss. Die Zitronen sind
   sauer.

Haben Sie Limonade gemacht? *Did you make lemonade?*
Ja, ich habe Limonade gemacht. *Yes, I made lemonade.*

Haben Sie die Limonade mit Zitronen gemacht?
Ja, ich habe die Limonade mit Zitronen gemacht.

Haben Sie die Limonade mit Wasser gemacht?
Ja, ich habe die Limonade mit Wasser gemacht.

die Limonade

Haben Sie die Limonade mit Zucker gemacht?
Ja, natürlich. Ich habe die Limonade mit Zucker gemacht.
   Ich habe die Limonade mit Zitronen, Wasser und
   Zucker gemacht.

Ist die Limonade heiss?
Oh nein, Gott sei Dank. Die Limonade ist nicht heiss. Die
   Limonade ist kalt. Die Limonade ist sehr kalt.

Wo ist die Limonade?
Die Limonade ist im Glas.

das Glas

Ist die Limonade köstlich?
Ja, die Limonade ist köstlich.

Wo ist der Zucker?
Der Zucker ist in der Zuckerdose.

die Zuckerdose

Haben Sie Salat gemacht?
Ja, ich habe Salat gemacht.

Haben Sie Tomatensalat gemacht?
Ja, ich habe Tomatensalat gemacht.

Tomaten

Ist der Salat köstlich?
Oh ja, der Salat ist köstlich.

Haben Sie ein Butterbrot gemacht?
Ja, ich habe ein Butterbrot gemacht.

Ist das Butterbrot köstlich?
Ja, das Butterbrot ist köstlich.

REMEMBER the position of verbs in the past tense:

VERB	WHAT	VERB
Ich habe	Zucker	gekauft.
I have	*sugar*	*bought.*
Ich habe	Limonade	gemacht.
I have	*lemonade*	*made.*
Ich habe	Salat	gemacht.
I have	*salad*	*made.*

die Wäsche
the laundry (the wash)

REMEMBER THESE WORDS

die Bluse, *the blouse*   blau, *blue*
die Jacke, *the jacket*   weiss, *white*
das Kleid, *the dress*   mit Wasser, *with water*
die Socken, *the socks*   mit Seife, *with soap*

haben Sie gewaschen? *did you wash? have you washed?*
ich habe gewaschen, *I washed, I have washed*
Wo haben Sie gewaschen? *Where did you wash?*
haben Sie gesehen? *did you see? have you seen?*
ich habe gesehen, *I saw, I have seen*

Haben Sie die Bluse gewaschen? *Did you wash the blouse?*
Ja, ich habe die Bluse gewaschen. *Yes, I washed the blouse.*

Haben Sie die Jacke gewaschen?
Ja, ich habe die Jacke gewaschen.

Haben Sie die Socken gewaschen?
Ja, ich habe die Socken gewaschen.

die Socken

Haben Sie mit Wasser gewaschen?
Ja, ich habe mit Wasser gewaschen.

Haben Sie mit Seife gewaschen?
Ja, ich habe mit Seife gewaschen. Ich habe mit Wasser und
    Seife gewaschen.

Haben Sie das Kleid gewaschen?
Ja, ich habe das Kleid gewaschen.

Ist das Kleid blau?
Nein, das Kleid ist nicht blau. Das Kleid ist weiss.

Wo haben Sie gewaschen?
Ich habe im Garten gewaschen.

das Kleid

Wo ist Marie?
Marie ist im Garten.

Haben Sie Marie gesehen?
Ja, ich habe Marie gesehen.

Haben Sie Karl gesehen?
Ja, ich habe Karl gesehen.

Marie

Ist Karl im Garten?
Ja, Karl ist im Garten.

NOTE: If you would like to know the complete past tense
of **sehen** (*to see*), see page 132.

Useful Expressions

Wie geht es Ihnen? *How are you?*
Danke gut und Ihnen? *Well, thank you, and you?*
Ich habe keine Zeit. *I have no time.*
Ich habe kein Geld. *I have no money.*
vor einer Stunde, *an hour ago*
vor einer Woche, *a week ago*
vor einer Minute, *a minute ago*

LEKTION ZWEIUNDZWANZIG

22

der Zirkus

REMEMBER THESE WORDS

im Zirkus, *in the circus*
der Clown, *the clown*
der Affe, *the monkey*
die Elefanten, *the elephants*
gross, *big*

komisch, *funny, comical*
sehr komisch, *very funny*
intelligent, *intelligent*
gibt es? *is there? are there?*
es gibt, *there is, there are*

haben Sie gesehen? *did you see?*
ich habe gesehen, *I saw*

KONVERSATION

Wo ist der Clown?
Der Clown ist im Zirkus.

Haben Sie den Clown gesehen?
Ja, ich habe den Clown gesehen.

Ist der Clown komisch?
Oh ja, der Clown ist sehr komisch. Ha, ha, ha!

der Clown

Wo ist der Affe?
Der Affe ist im Zirkus.

Ist der Affe komisch?
Ja, der Affe ist sehr komisch. Ha, ha, ha!

Ist der Affe intelligent?
Ja, der Affe ist sehr intelligent.

der Affe

Gibt es Elefanten im Zirkus? *Are there elephants in the circus?*
Oh ja, es gibt Elefanten im Zirkus. *Oh yes, there are elephants in the circus.*

Haben Sie die Elefanten gesehen?
Ja, natürlich. Ich habe die Elefanten gesehen.

Sind die Elefanten gross?
Oh ja, die Elefanten sind sehr gross.

der Elefant

POSITION OF WORDS

VERB	WHAT	WHERE	VERB
Ich habe	den Clown	im Zirkus	gesehen.
I have	*the clown*	*in the circus*	*seen.*
Ich habe	Fritz	im Park	gesehen.
I have	*Fritz*	*in the park*	*seen.*
Ich habe	Bananen	im Supermarkt	gekauft.
I have	*bananas*	*in the supermarket*	*bought.*

Read these sentences aloud:

1. Ich habe den Clown im Zirkus gesehen. *I saw the clown in the circus.*

63

2. Ich habe Karl im Park gesehen. *I saw Karl in the park.*
3. Ich habe Marie im Supermarkt gesehen. *I saw Marie in the supermarket.*
4. Ich habe Onkel Fritz im Restaurant gesehen. *I saw Uncle Fritz in the restaurant.*

Onkel Fritz

NOTE: If you want to know more about **den** as in **den Clown** (*the clown*), see page 137.

LEKTION DREIUNDZWANZIG

23

ein Pferd   eine Henne   eine Kuh

REMEMBER THESE WORDS

Deutsch, *German (language)*   **gestern,** *yesterday*
die Lektion, *the lesson*   **heute,** *today*
haben Sie studiert? *did you study?*
ich habe studiert, *I studied*
haben Sie gewaschen? *did you wash?*
ich habe gewaschen, *I washed*

KONVERSATION

Haben Sie studiert? *Did you study?*
Ja, ich habe studiert. *Yes, I studied.*

Haben Sie die Lektion studiert?
Ja, ich habe die Lektion studiert.

das Buch

Haben Sie Deutsch studiert?
Ja, ich habe Deutsch studiert.

Haben Sie gestern studiert?
Ja, ich habe gestern studiert.

Haben Sie die Bluse gewaschen?
Ja, ich habe die Bluse gewaschen.

Haben Sie gestern gewaschen?
Ja, ich habe gestern gewaschen.

Haben Sie heute gewaschen?
Ja, ich habe heute gewaschen.

POSITION OF WORDS IN THE PAST TENSE

VERB	WHEN	VERB
Ich habe	gestern	gewaschen.
I have	*yesterday*	*washed.*
Ich habe	heute	studiert.
I have	*today*	*studied.*

VERB	WHEN	WHAT	VERB
Ich habe	gestern	die Bluse	gewaschen.
I have	*yesterday*	*the blouse*	*washed.*
Ich habe	gestern	ein Radio	gekauft.
I have	*yesterday*	*a radio*	*bought.*

Read these sentences aloud:

1. Ich habe gestern ein Radio gekauft. *I bought a radio yesterday.*
2. Ich habe gestern eine Kamera gekauft. *I bought a camera yesterday.*
3. Ich habe heute Bananen gekauft. *I bought bananas today.*

4. Ich habe heute Salat gemacht. *I made a salad today.*
5. Ich habe gestern Marie gesehen. *I saw Marie yesterday.*
6. Ich habe heute die Lektion gelernt. *I learned the lesson today.*
7. Ich habe ein Pferd gesehen. *I saw a horse.*
8. Ich habe eine Henne gesehen. *I saw a hen.*
9. Ich habe eine Kuh gesehen. *I saw a cow.*

die Henne

Bananen   **eine Kamera**

LEKTION VIERUNDZWANZIG

24

die Uhr

REMEMBER THESE WORDS

das Auto, *the car*
die Uhr, *the watch, the clock*
ein Deutschbuch, *a German book*
für die Klasse, *for the class*
ein Boot, *a boat*
ein Motorboot, *a motorboat*
     hat Karl? *has Karl?*
     hat Marie? *has Marie?*
     hat Fritz? *has Fritz?*

Peters Motorboot, *Peter's motorboat*
Karls Kamera, *Karl's camera*
gross, *big*
klein, *little, small*
blau, *blue*
rot, *red*
Karl hat, *Karl has*
Marie hat, *Marie has*
Fritz hat, *Fritz has*

KONVERSATION

Hat Karl ein Radio? *Has Karl a radio?*
Ja, Karl hat ein Radio. *Yes, Karl has a radio.*

Hat Marie Telephon?
Ja, Marie hat Telephon.

das Radio

Telephon

68

Hat Fritz eine Gitarre?
Ja, Fritz hat eine Gitarre.

die Gitarre

Ist die Gitarre gut?
Ja, die Gitarre ist sehr gut.

Hat Karl ein Auto?
Ja, Karl hat ein Auto.

das Auto

Ist das Auto blau?
Nein, das Auto ist nicht blau. Das Auto ist rot.

Hat Karl ein Deutschbuch?
Ja, Karl hat ein Deutschbuch für die Klasse.

Hat Marie eine Katze?
Ja, Marie hat eine Katze.

das Buch

Ist die Katze schön?
Ja, die Katze ist sehr schön.

die Katze

Hat Barbara eine Uhr?
Ja, Barbara hat eine Uhr.

Ist die Uhr gut?
Ja, die Uhr ist sehr gut.

Hat Karl eine Kamera?
Ja, Karl hat eine Kamera.

die Uhr

Ist Karls Kamera gut?
Ja, Karls Kamera ist sehr gut.

Hat Peter ein Boot?
Ja, Peter hat ein Motorboot.

Ist Peters Motorboot gross?

Nein, Peters Motorboot ist nicht gross. Peters Motorboot ist klein.

NOTE: If you would like to know the complete present tense of **haben** (*to have*), see page 129.

Useful Expressions

Kommen Sie her! *Come here.*
Kommen Sie heute morgen! *Come this morning.*
Kommen Sie heute abend! *Come tonight.*
Kommen Sie zur Party! *Come to the party.*
Wann kommen Sie? *When are you coming?*

Kuchen

REMEMBER THESE WORDS

die Kuchen, *the cakes*
Schokoladenkuchen, *chocolate cake*
für, *for*
für Marie, *for Marie*
für Peter, *for Peter*
köstlich, *delicious*

Musik, *music*
Englisch, *English (language)*
Deutsch, *German (language)*
weiss, *white*
rot, *red*
Brot, *bread*

hat Fritz studiert? *did Fritz study? has Fritz studied?*
Fritz hat studiert, *Fritz studied, Fritz has studied*
hat Karl gekauft? *did Karl buy? has Karl bought?*
Karl hat gekauft, *Karl bought, Karl has bought*
hat Marie gekauft? *did Marie buy? has Marie bought?*
Marie hat gekauft, *Marie bought, Marie has bought*

Hat Fritz eine Gitarre? *Has Fritz a guitar?*
Ja, Fritz hat eine Gitarre. *Yes, Fritz has a guitar.*

Hat Fritz Musik studiert? *Did Fritz study music? (Has Fritz music studied?)*
Ja, Fritz hat Musik studiert. *Yes, Fritz studied music. (Yes, Fritz has music studied.)*

die Gitarre

Hat Marie Englisch studiert?
Ja, Marie hat Englisch studiert.

Hat Karl Deutsch studiert?
Ja, Karl hat Deutsch studiert.

Hat Karl ein Deutschbuch gekauft?
Ja, Karl hat ein Deutschbuch gekauft.

Blumen

Hat Peter Blumen gekauft?
Ja, Peter hat Rosen gekauft. Peter hat Rosen für Marie gekauft.

Sind die Rosen weiss?
Nein, die Rosen sind nicht weiss. Die Rosen sind rot.

Sind die Rosen schön?
Oh ja, die Rosen sind wunderschön.

Hat Marie Brot gekauft?
Ja, Marie hat Brot gekauft.

Hat Marie Butter gekauft?
Ja, Marie hat Butter gekauft.

das Brot

Hat Marie Kuchen gekauft?
Ja, Marie hat Kuchen für Peter gekauft.

Sind die Kuchen köstlich?
Ja, die Kuchen sind köstlich.

Hat Marie Schokoladenkuchen gekauft?
Ja, Marie hat Schokoladenkuchen gekauft.

REMEMBER the position of verbs in the past tense:

VERB	WHAT	VERB
Fritz hat	Musik	studiert.
Fritz has	*music*	*studied.*
Marie hat	Deutsch	gelernt.
Marie has	*German*	*learned.*
Marie hat	Butter	gekauft.
Marie has	*butter*	*bought.*

LEKTION SECHSUNDZWANZIG

26

der Anzug   **der Mantel**   **der Bademantel**

REMEMBER THESE WORDS

einen **Ring,** *a ring*

einen **Hut,** *a hat*

einen **Anzug,** *a suit*

einen **Mantel,** *a coat*

einen **Bademantel,**
  a bathrobe

eine **Krawatte,** *a necktie*

für, *for*

für die Party, *for the party*

  hat Karl gekauft? *did Karl buy?*

  hat Peter gekauft? *did Peter buy?*

  hat Marie gekauft? *did Marie buy?*

das **Kleid,** *the dress*

rot, *red*

blau, *blue*

schön, *beautiful*

sehr schön, *very beautiful*

wunderschön, *simply beautiful*

hat, *has*

mit Marie, *with Marie*

Karl hat gekauft, *Karl bought*

Peter hat gekauft, *Peter bought*

Marie hat gekauft, *Marie bought*

NOTE: If you would like to know more about **einen** (*a, an*), see page 138.

KONVERSATION

Hat Karl einen Hut gekauft? *Did Karl buy a hat? (Has Karl a hat bought?)*
Ja, Karl hat einen Hut gekauft. *Yes, Karl bought a hat. (Yes, Karl has a hat bought.)*

Hat Fritz Schuhe gekauft?
Ja, Fritz hat Schuhe gekauft.

Hat Fritz Socken gekauft?
Ja, Fritz hat Socken gekauft.

ein Hut

Hat Marie eine Krawatte gekauft?
Ja, Marie hat eine Krawatte für Peter gekauft.

eine Krawatte

Hat Peter einen Ring gekauft?
Ja, Peter hat einen Ring für Marie gekauft.

Ist der Ring schön?
Ja, der Ring ist sehr schön.

ein Ring

Wo ist Peter?
Peter ist im Park. Peter ist mit Marie im Park.

der Park

Hat Marie ein Kleid gekauft?
Ja, Marie hat ein Kleid gekauft. Marie hat ein Kleid für die Party gekauft.

Ist das Kleid rot?
Nein, das Kleid ist blau.

Ist das Kleid schön?
Ja, das Kleid ist wunderschön.

das Kleid

Hat Peter einen Anzug gekauft?
Ja, Peter hat einen Anzug gekauft. Peter hat einen Anzug für die Party gekauft.

Hat Peter einen Mantel gekauft?
Ja, Peter hat einen Mantel gekauft.

Hat Peter einen Bademantel gekauft?
Ja, Peter hat einen Bademantel gekauft.

Hat Hans einen Bademantel?
Oh ja, natürlich. Hans hat einen Bademantel.

der Mantel

der Bademantel

Marie hat gewaschen.
Marie washed.

REMEMBER THESE WORDS

Blusen, *blouses*
ein Kleid, *a dress*
ein Hemd, *a shirt*
viele Socken, *many socks*
ein Handtuch, *a towel*
einen Bademantel, *a bathrobe*
mit Wasser, *with water*

mit Seife, *with soap*
im Badezimmer, *in the bathroom*
gestern, *yesterday*
natürlich, *naturally*
Gott sei Dank! *Thank God!*

hat Marie gewaschen? *did Marie wash? has Marie washed?*
Marie hat gewaschen, *Marie washed, Marie has washed*
hat Karl gewaschen? *did Karl wash? has Karl washed?*
Karl hat gewaschen, *Karl washed, Karl has washed*

KONVERSATION

Hat Marie gewaschen? *Did Marie wash? (Has Marie washed?)*

Ja, Marie hat gewaschen. *Yes, Marie washed. (Yes, Marie has washed.)*

Hat Marie gestern gewaschen?
Ja, Marie hat gestern gewaschen.

Hat Marie Blusen gewaschen?
Ja, Marie hat Blusen gewaschen.

Hat Marie mit Wasser gewaschen?
Ja, natürlich. Marie hat mit Wasser gewaschen.

das Kleid

Hat Marie mit Seife gewaschen?
Ja, Marie hat mit Seife gewaschen. Marie hat mit Wasser und Seife gewaschen.

Hat Marie ein Kleid gewaschen?
Ja, Marie hat ein Kleid gewaschen.

Hat Marie ein Hemd gewaschen?

das Hemd

Ja, Marie hat ein Hemd gewaschen. Marie hat ein Hemd für Peter gewaschen.

Hat Marie einen Bademantel gewaschen?
Ja, Marie hat einen Bademantel gewaschen.

Hat Marie Socken gewaschen?
Ja, Marie hat Socken gewaschen. Marie hat viele Socken gewaschen.

Hat Marie ein Handtuch gewaschen?
Ja, Marie hat ein Handtuch gewaschen.

der Bademantel

Ist das Handtuch weiss?
Ja, das Handtuch ist weiss.

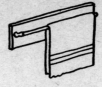

Wo ist das Handtuch?
Das Handtuch ist im Badezimmer.

das Handtuch

Hat Marie die Katze gewaschen?
Nein, das ist lächerlich. Marie hat die Katze nicht gewaschen. *No, that's ridiculous. Marie didn't wash the cat.*

Hat Karl das Auto gewaschen?
Ja, Gott sei Dank! Karl hat das Auto gewaschen.

das Auto

LEKTION ACHTUNDZWANZIG

28

Kaffee

REMEMBER THESE WORDS

der Kaffee, *the coffee*
der Toast, *the toast*
Marmelade, *marmalade*
Orangenmarmelade, *orange marmalade*
köstlich, *delicious*
phantastisch, *fantastic*
fertig, *ready*
Guten Appetit! *Good appetite!*

Salat, *salad*
Kartoffelsalat, *potato salad*
Butterbrote, *sandwiches*
viele Butterbrote, *many sandwiches*
Limonade, *lemonade*
fürs, *for the*
fürs Picknick, *for the picnic*
danke, *thank you*

haben Sie? *have you?*
ich habe, *I have*
hat Barbara gemacht? *did Barbara make?*
Barbara hat gemacht, *Barbara made*
hat Marie gemacht? *did Marie make?*
Marie hat gemacht, *Marie made*

KONVERSATION

Hat Marie Toast gemacht? *Did Marie make toast?*
Ja, Marie hat Toast gemacht. *Yes, Marie made toast.*

Hat Marie Kaffee gemacht?
Ja, Marie hat Kaffee gemacht.

Ist der Kaffee fertig?
Ja, der Kaffee ist fertig.

Ist der Toast fertig?
Ja, der Toast ist fertig. Der Kaffee und der Toast sind
    fertig.

Haben Sie Butter?
Ja, ich habe Butter.

Butter

Haben Sie Marmelade?
Ja, ich habe Marmelade.

Haben Sie Orangenmarmelade?
Ja, ich habe Orangenmarmelade.

Guten Appetit!
Danke.

Hat Barbara Salat gemacht?
Ja, Barbara hat Salat gemacht. Barbara hat Salat fürs Pick-
    nick gemacht.

Hat Barbara Kartoffelsalat gemacht?
Ja, Barbara hat Kartoffelsalat gemacht.

Ist der Salat gut?
Oh ja, der Salat ist köstlich.

Hat Barbara Butterbrote gemacht?
Oh ja, Barbara hat Butterbrote gemacht.

Hat Barbara viele Butterbrote gemacht?
Oh ja, Barbara hat viele Butterbrote gemacht.

Sind die Butterbrote gut?
Ja, die Butterbrote sind phantastisch.

Hat Barbara Limonade gemacht?
Ja, Barbara hat Limonade gemacht.

Limonade

Useful Expressions

Was haben Sie gemacht? *What did you do?*
Was hat Fritz gemacht? *What did Fritz do?*
Er hat Hunger. *He is hungry. (He has hunger.)*
Er hat Durst. *He is thirsty. (He has thirst.)*
Guten Appetit! *Good appetite!*

LEKTION NEUNUNDZWANZIG

29

die Gitarre

REMEMBER THESE WORDS

die Limonade, *the lemonade*
die Musik, *the music*
auf der Terrasse, *on the terrace*

Karten, *cards*
fürs, *for the*
füs Picknick, *for the picnic*

werden Sie machen?
are you going to make?

ich werde machen
I'm going to make

werden Sie kaufen?
are you going to buy?

ich werde kaufen
I'm going to buy

werden Sie schwimmen?
are you going to swim?

ich werde schwimmen
I'm going to swim

werden Sie singen?
are you going to sing?

ich werde singen
I'm going to sing

werden Sie spielen?
are you going to play?

ich werde spielen
I'm going to play

werden Sie arbeiten?
are you going to work?

ich werde arbeiten
I'm going to work

werden Sie tanzen?
are you going to dance?

ich werde tanzen
I'm going to dance

ich werde nicht arbeiten, *I'm not going to work*

KONVERSATION

Werden Sie Limonade machen? *Are you going to make lemonade?*

Ja, ich werde Limonade machen. *Yes, I'm going to make lemonade.*

Ist die Limonade fürs Picknick?
Ja, die Limonade ist fürs Picknick.

Werden Sie Salat machen?
Ja, ich werde Salat machen.

die Limonade

Ist der Salat fürs Picknick?
Ja, der Salat ist fürs Picknick. Der Salat und die Limonade sind fürs Picknick.

Werden Sie Bananen kaufen?
Ja, ich werde Bananen kaufen. Ich werde Bananen fürs Picknick kaufen.

Werden Sie Orangen fürs Picknick kaufen?
Ja, ich werde Bananen und Orangen fürs Picknick kaufen.

Werden Sie Kuchen fürs Picknick kaufen?
Ja, ich werde Schokoladenkuchen fürs Picknick kaufen.

Werden Sie singen?
Ja, ich werde singen.

Bananen

Werden Sie mit Marie singen?
Ja, ich werde mit Marie singen.

Werden Sie Gitarre spielen?
Ja, ich werde Gitarre spielen.

Werden Sie Tennis spielen?
Ja, ich werde Tennis spielen.

der Kuchen

Werden Sie mit Albert Tennis spielen?
Ja, ich werde mit Albert Tennis spielen.

Werden Sie Karten spielen?
Ja, ich werde Karten spielen.

Werden Sie arbeiten?
Oh nein, das ist lächerlich. Ich werde nicht arbeiten. Ich werde spielen.

Werden Sie tanzen?
Oh ja, ich werde tanzen. Ich werde auf der Terrasse tanzen.

Ist die Musik gut?
Ja, die Musik ist sehr gut. Die Musik ist wunderschön.

das Restaurant

REMEMBER:

When you say that you are going to a place, use **gehen.**
Wir gehen ins Restaurant. *We're going to the restaurant.*
Wir gehen ins Kino. *We're going to the movies.*

When you say that you are going to do something, use **werden.**
Werden Sie tanzen? *Are you going to dance?*
Ich werde tanzen. *I'm going to dance.*

NOTE: If you would like to know more about **werden,** see page 128.

LEKTION DREISSIG

30

Geld

REMEMBER THESE WORDS

ein Paket, *a package*
ein Telegramm, *a telegram*
zur Post, *to the post office*
zur Bank, *to the bank*
Geld, *money*
meine, *my*
meine Katze, *my cat*
zum Supermarkt, *to the supermarket*
Mayonnaise, *mayonnaise*

ins Kaufhaus, *to the department store*
Seife, *soap*
einen Ring, *a ring*
einen Kamm, *a comb*
einen Schirm, *an umbrella*
eine Vase, *a vase*
ein Bett, *a bed*
ein gutes Bett, *a good bed*
viel, *much, a lot*

müssen Sie arbeiten?
do you have to work?

ich muss arbeiten
I have to work

müssen Sie studieren?
do you have to study?

ich muss studieren
I have to study

müssen Sie gehen?
do you have to go?

ich muss gehen
I have to go

müssen Sie senden?
do you have to send?

ich muss senden
I have to send

müssen Sie parken?	**ich muss parken**
do you have to park?	*I have to park*
müssen Sie kaufen?	**ich muss kaufen**
do you have to buy?	*I have to buy*

KONVERSATION

Müssen Sie arbeiten? *Do you have to work?*
Ja, ich muss im Garten arbeiten. *Yes, I have to work in the garden.*

Müssen Sie viel arbeiten?
Ja, ich muss viel arbeiten.

Müssen Sie studieren?
Ja, ich muss mit Karl studieren.

Müssen Sie zur Post gehen?
Ja, ich muss zur Post gehen.

Müssen Sie ein Paket senden?
Ja, ich muss ein Paket senden.

das Paket

Müssen Sie ein Telegramm senden?
Ja, ich muss ein Telegramm senden.

Müssen Sie zur Bank gehen?
Ja, ich muss zur Bank gehen. Ich habe kein Geld! (*I haven't any money.*)

Müssen Sie zum Supermarkt gehen?
Ja, ich muss zum Supermarkt gehen.

Müssen Sie das Auto parken?
Ja, ich muss das Auto parken.

das Auto

Müssen Sie Brot kaufen?
Ja, ich muss Brot kaufen.

Müssen Sie Mayonnaise kaufen?
Ja, ich muss Mayonnaise kaufen.

Müssen Sie Seife kaufen?
Ja, ich muss Seife kaufen.

Müssen Sie ins Kaufhaus gehen?
Ja, ich muss ins Kaufhaus gehen.

der Schirm

Müssen Sie einen Schirm kaufen?
Ja, ich muss einen Schirm kaufen.

der Kamm

Müssen Sie einen Kamm kaufen?
Ja, ich muss einen Kamm kaufen.

der Ring

Müssen Sie einen Ring kaufen?
Ja, ich muss einen Ring kaufen. Ich muss einen Ring für
   Marie kaufen.

Müssen Sie eine Vase kaufen?
Ja, ich muss eine Vase kaufen.

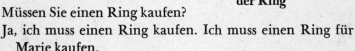

Müssen Sie ein Bett kaufen?
Ja, ich muss ein gutes Bett kaufen.

das Bett

Müssen Sie eine Katze kaufen?
Oh nein, das ist lächerlich. Ich habe eine Katze. Meine
   Katze ist im Garten.

Useful Expressions

Ich muss gehen. *I must go.*
Ich muss jetzt gehen. *I must go now.*
Ich muss nach Hause gehen. *I must go home.*
Es regnet. *It's raining.*
Es schneit. *It's snowing.*

Es ist windig. *It's windy.*
Das macht nichts. *That doesn't matter.*
Ich weiss nicht. *I don't know.*

NOTE: If you would like to know the complete present tense of **müssen** (*to have to*), see page 128.

31

die Kirche

REMEMBER THESE WORDS

zur **Bank,** *to the bank*
zur **Post,** *to the post office*
zur **Kirche,** *to church*
zur **Party,** *to the party*
mitbringen, *to bring along,*
  (to bring with)

alle, *everybody, all*
einen Kuchen, *a cake*
Eis, *ice cream*
gut, *good, well*
aus meinem Garten, *from my*
  garden
und, *and*

können Sie schwimmen?
can you swim?

ich kann schwimmen
I can swim

können Sie tanzen?
can you dance?

ich kann tanzen
I can dance

können Sie singen?
can you sing?

ich kann singen
I can sing

können Sie spielen?
can you play?

ich kann spielen
I can play

können Sie gehen?
can you go?

ich kann gehen
I can go

| **können Sie kommen?** | **ich kann kommen** |
| *can you come?* | *I can come* |

| **können Sie mitbringen?** | **ich kann mitbringen** |
| *can you bring along?* | *I can bring along* |

Wir können Gitarre spielen. *We can play the guitar.*

KONVERSATION

Können Sie schwimmen? *Can you swim?*
Ja, ich kann schwimmen. Ich kann gut schwimmen.

Können Sie tanzen?
Ja, ich kann tanzen. Ich kann gut tanzen.

Können Sie singen?
Ja, ich kann singen. Ich kann gut singen.

Können Sie Gitarre spielen?
Ja, ich kann Gitarre spielen.

Können Sie Tennis spielen?
Ja, ich kann Tennis spielen.

die Gitarre

Können Sie Golf spielen?
Ja, ich kann Golf spielen.

Können Sie zur Bank gehen?
Ja, ich kann zur Bank gehen.

Können Sie zur Post gehen?
Ja, ich kann zur Post gehen.

Können Sie zur Kirche gehen?
Ja, ich kann zur Kirche gehen.

die Kirche

Können Sie zur Party kommen?
Ja, ich kann zur Party kommen.

Können Sie Marie mitbringen?
Ja, ich kann Marie mitbringen.

Können Sie Albert mitbringen?
Ja, ich kann Albert mitbringen.

Blumen

Können Sie Fritz mitbringen?
Ja, ich kann Fritz mitbringen. Ich kann Fritz, Marie und
  Albert mitbringen. Ich kann alle mitbringen.

Können Sie einen Kuchen mitbringen?
Ja, ich kann einen Kuchen mitbringen.

Können Sie Eis mitbringen?
Ja, ich kann Eis mitbringen.

Können Sie Blumen mitbringen?
Ja, ich kann Blumen mitbringen. Ich kann Rosen aus
  meinem Garten mitbringen.

Können Sie die Gitarre mitbringen?
Oh ja, ich kann die Gitarre mitbringen. Wir können
  Gitarre spielen, singen und tanzen. Was für eine Party!
  (*What a party!*)

NOTE: If you would like to know the complete present
tense of **können** (*to be able to*), see page 128.

Useful Expressions

Möchten Sie? *Would you like?*
Ich möchte, *I would like*

  1. Möchten Sie eine Tasse Kaffee? *Would you like a cup of
     coffee?*
  2. Möchten Sie eine Tasse Tee? *Would you like a cup of
     tea?*

92

eine Tasse Tee

3. Möchten Sie Suppe? *Would you like soup?*
4. Möchten Sie ins Kino gehen? *Would you like to go to the movies?*
5. Möchten Sie mit mir gehen? *Would you like to go with me?*
6. Ich möchte eine Tasse Kaffee. *I would like a cup of coffee.*
7. Ich möchte ins Kino gehen. *I would like to go to the movies.*

Fritz ist im Büro.
Fritz is at the office.

Ich bin means *I am,* and **sind Sie?** means *are you?*

Ich bin im Restaurant. *I am at the restaurant.*
Ich bin im Theater. *I am at the theater.*
Ich bin im Kino. *I am at the movies.*
Ich bin zu Hause. *I am at home.*
Ich bin allein. *I am alone.*
Ich bin müde. *I am tired.*
Sind Sie im Büro? *Are you at the office?*
Sind Sie allein? *Are you alone?*
Sind Sie zu Hause? *Are you at home?*
Sind Sie krank? *Are you sick?*
Sind Sie müde? *Are you tired?*
Er ist im Büro. *He is at the office.*
Sie ist zu Hause. *She is at home.*

REMEMBER THESE WORDS

im, *in the, at the*   **allein,** *alone*
im Restaurant, *at the restaurant*   **müde,** *tired*

im Büro, *at the office*   **krank,** *sick*
im Bett, *in bed*   **er ist,** *he is*
im Krankenhaus, *in the hospital*   **sie ist,** *she is*
               sind Sie? *are you?*
               ich bin, *I am*
               ich bin nicht, *I am not*

KONVERSATION

Wo ist Karl? *Where is Karl?*
Karl ist im Restaurant. *Karl is at the restaurant.*

Ist Karl allein?
Ja, er ist allein.

Ist Fritz im Büro?
Ja, Fritz ist im Büro.

Ist Fritz müde?
Ja, Fritz ist müde.

Ist Fritz krank?
Nein, Fritz ist nicht krank.

Ist Albert krank?
Ja, Albert ist krank.

Ist Albert im Bett?
Ja, Albert ist im Bett.

das Bett

Ist Albert im Krankenhaus?
Ja, Albert ist im Krankenhaus.

Wo ist Marie?
Marie ist im Garten.

Sind Sie im Restaurant? *Are you at the restaurant?*
Ja, ich bin im Restaurant. *Yes, I am at the restaurant.*

Sind Sie allein?
Ja, ich bin allein.

Sind Sie müde?
Ja, ich bin müde.

Sind Sie krank?
Nein, ich bin nicht krank.

das Restaurant

Sind Sie im Hotel?
Ja, ich bin im Hotel.

	sein, *to be*		
I am	**ich bin**	**wir sind**	*we are*
you are	**Sie sind**	**Sie sind**	*you (pl.) are*
he is	**er ist**	**sie sind**	*they are*
she is	**sie ist**		
it is	**es ist**		

96

das Ballett

In German you don't say *I went;* you say *I am gone:* **Ich bin gegangen.**

Ich bin ins Konzert gegangen. *I went to the concert. (I am to the concert gone.)*

Ich bin ins Kaufhaus gegangen. *I went to the department store.*

Ich bin zum Supermarkt gegangen. *I went to the supermarket.*

In German you don't say *Did you go?;* you say *Are you gone?:* **Sind Sie gegangen?**

Sind Sie ins Konzert gegangen? *Did you go to the concert? (Are you to the concert gone?)*

Sind Sie ins Kaufhaus gegangen? *Did you go to the department store?*

Sind Sie zum Supermarkt gegangen? *Did you go to the supermarket?*

In German you don't say *We went;* you say *We are gone:* **Wir sind gegangen.**

Wir sind ins Restaurant gegangen. *We went to the restaurant. (We are to the restaurant gone.)*
Wir sind ins Kino gegangen. *We went to the movies.*
Wir sind ins Theater gegangen. *We went to the theater.*

REMEMBER THESE WORDS

ins Konzert, *to the concert*
ins Ballet, *to the ballet*
ins Kino, *to the movies*
ins Hotel, *to the hotel*
ins Museum, *to the museum*
ins Theater, *to the theater*
ins Kaufhaus, *to the department store*
zum Supermarkt, *to the supermarket*

sind Sie gegangen? *did you go?*
ich bin gegangen, *I went*
wir sind gegangen, *we went*

Practice this:

ins Konzert, *to the concert*
ins Ballett, *to the ballet*
ins Museum, *to the museum*
ins Theater, *to the theater*
ins Kino, *to the movies*
ins Hotel, *to the hotel*
ins Kaufhaus, *to the department store*

Notice that **zum Supermarkt** (*to the supermarket*) introduces a new element. Learn it separately. Learn the phrase **zum Supermarkt** as if it were one word. Then you will have no difficulty.

KONVERSATION

Sind Sie ins Konzert gegangen? *Did you go to the concert?*
Ja, ich bin ins Konzert gegangen. *Yes, I went to the concert.*

Sind Sie ins Kaufhaus gegangen?
Ja, ich bin ins Kaufhaus gegangen.

Sind Sie zum Supermarkt gegangen?
Ja, ich bin zum Supermarkt gegangen.

das Restaurant

Sind Sie (*pl.*) ins Restaurant gegangen?
Ja, wir sind ins Restaurant gegangen. *Yes, we went to the restaurant.*

Sind Sie ins Hotel gegangen?
Ja, wir sind ins Hotel gegangen.

Sind Sie ins Kino gegangen?
Ja, wir sind ins Kino gegangen.

Sind Sie ins Museum gegangen?
Ja, wir sind ins Museum gegangen.

das Museum

Sind Sie ins Theater gegangen?
Ja, wir sind ins Theater gegangen.

Sind Sie ins Ballett gegangen?
Ja, wir sind ins Ballett gegangen.

Sind Sie mit Karl gegangen?
Ja, wir sind mit Karl gegangen.

das Theater

Read these sentences:

1. Ich bin ins Konzert gegangen.
2. Ich bin ins Kaufhaus gegangen.
3. Ich bin ins Ballett gegangen.
4. Wir sind ins Restaurant gegangen.
5. Wir sind ins Kaufhaus gegangen.
6. Wir sind ins Hotel gegangen.
7. Wir sind ins Kino gegangen.
8. Wir sind ins Museum gegangen.
9. Wir sind ins Theater gegangen.
10. Wir sind ins Ballett gegangen.
11. Ich bin zum Supermarkt gegangen.
12. Wir sind zum Supermarkt gegangen.

das Konzert

NOTE: If you would like to know the complete past tense of **gehen** (*to go*), see page 127.

LEKTION VIERUNDDREISSIG

34

Es ist drei Uhr.
It's three o'clock.

Es ist ein Uhr.
It's one o'clock.

Es ist zwei Uhr.
It's two o'clock.

Es ist halb zwölf.
It's half past eleven.

Es ist ein Uhr. *It is one o'clock.*
Es ist zwei Uhr. *It is two o'clock.*
Es ist drei Uhr. *It is three o'clock.*
Es ist vier Uhr. *It is four o'clock.*
Es ist fünf Uhr. *It is five o'clock.*
Es ist sechs Uhr. *It is six o'clock.*
Es ist sieben Uhr. *It is seven o'clock.*
Es ist acht Uhr. *It is eight o'clock.*
Es ist neun Uhr. *It is nine o'clock.*
Es ist zehn Uhr. *It is ten o'clock.*
Es ist elf Uhr. *It is eleven o'clock.*
Es ist zwölf Uhr. *It is twelve o'clock.*

Es ist sieben Uhr.
It is seven o'clock.

In German we don't say *It's eleven-thirty;* we say *It's half twelve.* Learn how to say the half hours in German:

Es ist halb zwölf.
It is eleven-thirty. (It is half twelve.)

1:30	**halb zwei,** *one-thirty (half two)*
2:30	**halb drei,** *two-thirty (half three)*
3:30	**halb vier,** *three-thirty (half four)*
4:30	**halb fünf,** *four-thirty (half five)*
5:30	**halb sechs,** *five-thirty (half six)*
6:30	**halb sieben,** *six-thirty (half seven)*
7:30	**halb acht,** *seven-thirty (half eight)*
8:30	**halb neun,** *eight-thirty (half nine)*
9:30	**halb zehn,** *nine-thirty (half ten)*
10:30	**halb elf,** *ten-thirty (half eleven)*
11:30	**halb zwölf,** *eleven-thirty (half twelve)*
12:30	**halb eins,** *twelve-thirty (half one)*

Viertel is *a quarter.* In German *a quarter to twelve* is **Viertel vor zwölf** *(a quarter before twelve).*

Viertel vor zwölf
a quarter to twelve (a quarter before twelve)

Learn these:

Viertel vor eins, *a quarter to one*
Viertel vor zwei, *a quarter to two*
Viertel vor drei, *a quarter to three*
Viertel vor vier, *a quarter to four*
Viertel vor fünf, *a quarter to five*
Viertel vor sechs, *a quarter to six*
Viertel vor sieben, *a quarter to seven*
Viertel vor acht, *a quarter to eight*
Viertel vor neun, *a quarter to nine*
Viertel vor zehn, *a quarter to ten*
Viertel vor elf, *a quarter to eleven*
Viertel vor zwölf, *a quarter to twelve*

In German we don't say *twelve-fifteen;* we say **Viertel nach zwölf** *(a quarter after twelve).*

Viertel nach zwölf
twelve-fifteen (a quarter after twelve)

Learn these:

1:15	**Viertel nach eins**	7:15	**Viertel nach sieben**
2:15	**Viertel nach zwei**	8:15	**Viertel nach acht**
3:15	**Viertel nach drei**	9:15	**Viertel nach neun**
4:15	**Viertel nach vier**	10:15	**Viertel nach zehn**
5:15	**Viertel nach fünf**	11:15	**Viertel nach elf**
6:15	**Viertel nach sechs**	12:15	**Viertel nach zwölf**

Read these:

8:05 Es ist fünf Minuten nach acht. *It's five past eight.*
8:10 Es ist zehn Minuten nach acht.
8:20 Es ist zwanzig Minuten nach acht.

Es ist zwanzig Minuten nach eins.
It's one twenty.

Read these:

Es ist fünf Minuten vor acht. *It's five to eight.*
Es ist zehn Minuten vor acht. *It's ten to eight.*
Es ist zwanzig Minuten vor acht. *It's twenty to eight.*

Es ist zehn Minuten vor zwölf.
It's ten to twelve.

Useful Expressions

Wieviel Uhr ist es? *What time is it?*
Es ist spät. *It's late.*
Es ist früh. *It's early.*
pünktlich, *on time*
Karl ist immer pünktlich. *Karl is always on time.*

0	Null	30	dreissig
1	eins	31	einunddreissig
2	zwei	32	zweiunddreissig
3	drei	33	dreiunddreissig
4	vier	34	vierunddreissig
5	fünf	35	fünfunddreissig
6	sechs	36	sechsunddreissig
7	sieben	37	siebenunddreissig
8	acht	38	achtunddreissig
9	neun	39	neununddreissig
10	zehn	40	vierzig
11	elf	41	einundvierzig
12	zwölf	42	zweiundvierzig
13	dreizehn	43	dreiundvierzig
14	vierzehn	44	vierundvierzig
15	fünfzehn	45	fünfundvierzig
16	sechzehn	46	sechsundvierzig
17	siebzehn	47	siebenundvierzig
18	achtzehn	48	achtundvierzig
19	neunzehn	49	neunundvierzig
20	zwanzig	50	fünfzig
21	einundzwanzig	51	einundfünfzig
22	zweiundzwanzig	52	zweiundfünfzig
23	dreiundzwanzig	53	dreiundfünfzig
24	vierundzwanzig	54	vierundfünfzig
25	fünfundzwanzig	55	fünfundfünfzig
26	sechsundzwanzig	56	sechsundfünfzig
27	siebenundzwanzig	57	siebenundfünfzig
28	achtundzwanzig	58	achtundfünfzig
29	neunundzwanzig	59	neunundfünfzig

60	sechzig	87	siebenundachtzig
61	einundsechzig	88	achtundachtzig
62	zweiundsechzig	89	neunundachtzig
63	dreiundsechzig	90	neunzig
64	vierundsechzig	91	einundneunzig
65	fünfundsechzig	92	zweiundneunzig
66	sechsundsechzig	93	dreiundneunzig
67	siebenundsechzig	94	vierundneunzig
68	achtundsechzig	95	fünfundneunzig
69	neunundsechzig	96	sechsundneunzig
70	siebzig	97	siebenundneunzig
71	einundsiebzig	98	achtundneunzig
72	zweiundsiebzig	99	neunundneunzig
73	dreiundsiebzig	100	hundert
74	vierundsiebzig	101	hunderteins
75	fünfundsiebzig	102	hundertzwei
76	sechsundsiebzig	150	hundertfünfzig
77	siebenundsiebzig	151	hunderteinundfünfzig
78	achtundsiebzig	200	zweihundert
79	neunundsiebzig	300	dreihundert
80	achtzig	400	vierhundert
81	einundachtzig	500	fünfhundert
82	zweiundachtzig	600	sechshundert
83	dreiundachtzig	700	siebenhundert
84	vierundachtzig	800	achthundert
85	fünfundachtzig	900	neunhundert
86	sechsundachtzig	1,000	tausend

THE DAYS OF THE WEEK

Sonntag, *Sunday*
Montag, *Monday*
Dienstag, *Tuesday*
Mittwoch, *Wednesday*

Donnerstag, *Thursday*
Freitag, *Friday*
Sonnabend, *Saturday*

THE MONTHS OF THE YEAR

Januar, *January*
Februar, *February*
März, *March*
April, *April*
Mai, *May*
Juni, *June*

Juli, *July*
August, *August*
September, *September*
Oktober, *October*
November, *November*
Dezember, *December*

THE SEASONS

Frühling, *spring*
Sommer, *summer*

Herbst, *autumn*
Winter, *winter*

MEALS

Frühstück, *breakfast*
Mittagessen, *lunch*
Abendbrot, *dinner (evening bread)*

DIE FRECHEN KÜKEN

die Küken
the chicks

(This story was written as an exercise in reading more difficult German. As you get into it you will come across words that are unfamiliar to you. Their meanings are given in the vocabulary at the end of the book.)

An einem wunderschönen Morgen im Mai fühlte eine aristokratische Henne plötzlich eine gewisse Nostalgie oder Melancholie, ja, einen gewissen Weltschmerz. „Gluck, gluck, gluck," sagte sie und begann zu reflektieren. „Ich brauche Ferien; ja, wenigstens vierzig Tage Ferien. Ich bin müde, und meine Temperatur im ganzen Körper ist nicht normal. Ja, ich muss mich unbedingt ausruhen." Sie untersuchte das Nest und zählte die Eier: es waren nur fünf. Aber sie beschloss, sich trotzdem ins Nest zu setzen und eventuell das Dutzend voll zu machen. Dabei war die Kooperation der anderen Hennen nicht ganz ausgeschlossen.

Sie setzte sich ins Nest und machte es sich mit den fünf eleganten Eiern bequem. Das ganze Universum war friedvoll, und nach drei Minuten war die aristokratische Henne fest eingeschlafen.

die Henne
the hen

Die Frau des Hauses brauchte ein halbes Dutzend Eier für das Mittagessen der Familie. Sie ging in den Hühnerstall, um in den Nestern nachzusehen. Als sie die aristokratische Henne schlafend im Nest fand, rief sie: „Ach du lieber Himmel, was ist das? Meine aristokratische Henne, die fünfzig Mark gekostet hat, schläft am hellichten Tag um elf Uhr morgens? Nein, nein und *nein!* Eine aristokratische Henne, die fünfzig Mark gekostet hat, ist verpflichtet, jeden Tag ein Ei zu legen, sieben Eier jede Woche und dreissig Eier jeden Monat!" Indem sie das sagte, ging sie ins Haus und kam nach vier Momenten mit einem Eimer voll Wasser zurück.

Ohne ein Wort zu sagen, goss sie das Wasser über die Henne. Im nächsten Augenblick war das Nest ein See. Die Henne kam schnell aus dem Nest heraus und floh, laut niesend: „Hatschi! Hatschi! Hatschi!" Sie rannte über den Hof und durch den Obstgarten. Sie lief am Gemüsegarten vorbei und gelangte schliesslich bei einem grossen Apfelbaum an. Das dichte Laub verwandelte den Baum in einen riesigen Sonnenschirm und bot einen ausgezeichneten Schutz gegen die heissen Strahlen der Maisonne.

der Baum
the tree

Die Henne stoppte, schüttelte ihre Federn und begann einen Monolog des Protestes und Ressentiments: „Diese Frau respektiert weder meine hohe Position in der Gesellschaft noch die Meriten meiner aristokratischen Familie. Sie begiesst mich mit Wasser, als sei ich eine ordinäre Ente oder sonst irgendein Wasserscheusal. Das ist ein Mangel an Respekt und sehr rücksichtslos! Solche Impertinenz sollte ich nicht tolerieren! Nein, meine Dame! Es ist meine feste Absicht, dieses Haus und diese Frau zu verlassen und wegzugehen und mit den Kühen und Eseln auf der Weide zu leben. Ich gehe, weil ich gehe! Zum Teufel mit der Frau des Hauses! Auf Wiedersehen für immer! Tschüss und leben Sie wohl!"

Die Henne passierte den Zaun und setzte ihren Marsch in Richtung Westen fort. Da war sie schon auf der Weide. In kurzer Entfernung sah sie ein halbes Dutzend grosser Tiere, die das frische grüne Gras kauten. Die Henne traf zuerst eine weisse Kuh, die in seliger Ruhe frass. In einem sehr diplomatischen Ton sagte die Henne: „Guten Tag, gnädige Frau Kuh." Aber die Kuh antwortete mit keiner Silbe und fuhr fort, in absolutem Schweigen das grüne Gras zu fressen. Da gackerte die Henne: „Aha! Sie wollen nicht mit mir sprechen? Sehr gut! Es ist nicht unbedingt notwendig, dass eine ignorante Kuh mit einer aristokratischen Henne spricht. Auf Wiedersehen!"

die Kuh
the cow

Sie wanderte weiter durch das frische Gras, wobei sie in kurzen Intervallen „gluck-gluck" ausstiess. Nach ungefähr zehn Metern traf sie einen grauen Esel, der in tiefstem Frieden das grüne Gras frass. In ihrem diplomatischen Ton sagte die Henne: „Guten Tag, sehr geehrter Herr Esel." Aber der Esel antwortete mit keiner Silbe. „Aha! Sie wollen auch nicht mit mir reden. Perfekto. Es ist nicht unbedingt notwendig, dass ein dummer Esel mit einer gebildeten und aristokratischen Henne Konversation macht. Tschüss, und essen Sie nur weiter viel grünes Gras."

Weiter wanderte die Henne, indem sie in kurzen Intervallen „gluck-gluck-gluck" ausstiess. Plötzlich verhielt sie in grossem Erstaunen: sie hatte einen wunderschönen, grünen, saftigen Grashüpfer entdeckt. „Pick, pick, pick," und mit drei schnellen Bissen ging der Grashüpfer in die Ewigkeit ein. Im nächsten Augenblick betrat noch ein Grashüpfer durch den Schnabel der Henne die Ewigkeit. Tatsächlich entdeckte die Henne, dass die Weide von Millionen und Quintillionen nahrhafter Insekten bevölkert war. Der erste Grashüpfer hatte einen enormen Enthusiasmus bei der Henne erweckt und ihr die Aussichten auf ein köstliches Bankett eröffnet, ein Bankett von Insekten, Gras und Getreidekörnern, die wie von geheimnisvoller Hand im Gras verteilt waren. Da präsentierte sich schon der dritte Grashüpfer. Ja, eine ganze Gesellschaft von Grashüpfern präsentierte sich, und die Henne hatte kaum Zeit, zu picken und zu fressen, zu picken und zu fressen, rapide wie eine elektrische Maschine. Sie pickte und pickte und pickte, und in wenigen Minuten war das Bankett beendet. Insekten, Gras und Getreidekörner waren reichlich, aber—das Wasser? „Wasser, Wasser," rief die Henne. „Wo ist das Wasser für die Kühe und die Esel?" Sie begann, das Territorium zu examinieren und zu explorieren. Da! Sie entdeckte, dass die Eindrücke der Hufe von den grossen Tieren alle nach Norden zeigten.

der Grashüpfer
the grasshopper

111

„Nach Norden—Norden—Norden!" Alle Spuren der Esel, Kühe und Pferde führten in Richtung Norden. Das Wasser musste in dieser Richtung zu finden sein.

Die Henne wanderte ungefähr fünfzig Meter weiter und erreichte einen alten Zaun mit einer alten Pforte. Diese morsche Pforte war der Eingang zu einer kleineren Weide, die jetzt eigentlich nicht mehr von der grossen Weide getrennt war, da ja auch der Zaun alt, morsch und in schlechter Verfassung war. Eine üppige Vegetation aber verdeckte das kleine Desaster der Pforte und des Zaunes mit einzigartiger Schönheit. Bäume, Büsche, Kletterpflanzen und eine Fülle von Farben und verwirrenden Wohlgerüchen verwandelten den Zaun und die Pforte in einen Ort von attraktiver Schönheit für die Henne. Die dichte Vegetation war undurchdringlich für Menschen und grosse Tiere. Eine Henne konnte mit Schwierigkeiten eindringen, sie konnte aber eindringen.

Die Henne dieser mysteriösen Geschichte schob sich durch die Pforte und fand endlich in einer Distanz von weiteren fünfzig Metern den kristallklaren Bach. Das frische Wasser war transparent. Der blaue Himmel spiegelte sich in dem runden Teich, aus dem all die grossen Tiere von dem Bauernhof tranken. Die Henne nahm einen Schluck und hob die Augen gen Himmel in ehrfurchtsvoller Dankbarkeit zum Schöpfer des Universums. Sie nahm einen zweiten Schluck und hob die Augen zum unendlichen Himmel mit ehrfurchtsvollem Blick, um Gott dankzusagen für das frische und klare Wasser.

Der kristallklare Bach sang seine Melodie und floss fröhlich in Richtung des Bauernhauses nach Osten. Die Henne trank genug Wasser und erforschte dann mit den

der Zaun
the fence

112

Augen das ganze Territorium nach Norden, nach Süden, nach Osten und nach Westen: Getreidefelder gleich im Osten; Gruppen von riesigen Bäumen mit dichtem und dunklem Laub in einiger Entfernung; das rote Dach des Bauernhauses mit seinen Gärten und Obstplantagen im Südosten; die weite grüne Weide mit den grossen Tieren. Alles war phantastisch! Alles war wunderschön! Die gleissend heisse Sonne war unangenehm. Aber eine frische Brise begann die Wipfel der Bäume zu regen.

Die Henne kehrte zu der alten, morschen Pforte zurück. Die dichte, undurchdringliche Vegetation war sehr verlockend. Die Henne arbeitete sich ein oder zwei Meter vor und entdeckte, dass der Schatten dort sehr angenehm war. Sie drang zwei oder drei Meter weiter vor und rief plötzlich in ungläubigem Erstaunen: „*Was ist das? Eier! Ein Nest voll von Eiern! Was für ein Mysterium! Was für eine Überraschung!* Dies ist wahrhaftig ein Tag der Überraschungen und Mysterien!"

Mit besonderer Aufmerksamkeit zählte die Henne die Eier: „Eins, zwei, drei, vier, fünf . . . fünf—fünf, was für eine schlechte Arithmetik—sechs, sieben, acht, neun . . . und eins, zehn . . . und zwei, zwölf . . . und zwei, vierzehn." Ein Irrtum war ausgeschlossen. Es waren vierzehn grosse, elegante Eier. Frau Henne beschloss sofort, ohne weitere Investigationen das Nest in Besitz zu nehmen. Es war eine erstklassige Gelegenheit und unbedingt notwendig, ohne zu zögern, sich dem Schicksal zu stellen. „Richtig," sagte sie und machte es sich mit den Eiern bequem, so ruhig und zufrieden, als ob sie einem göttlichen Mandat folge. (Mutterinstinkt nennt man so etwas.)

Mit den Anstrengungen und Überraschungen des Tages kam der Schlaf wie ein magischer Zauber, und unsere gute Henne schloss die Augen in weniger als drei Minuten. Sie schlief lange und ohne Unterbrechung. Ihre Gedanken waren schrecklich verwirrt, und sie hatte kein Interesse daran, diese Verwirrung zu bekämpfen.

Als die Sonne den neuen Tag ankündigte, war die Henne schon wach und untersuchte mit dem Blick all die Einzelheiten des einsamen schattigen Ortes. So verging ein Tag nach dem anderen. Die Henne zählte jeden Morgen als einen vollendeten Tag. Jeden Tag machte sie geistige Übungen in der Arithmetik. „Sieben Tage machen eine Woche. . . . Vierzehn Tage machen zwei Wochen. . . . Vierzehn und sieben sind einundzwanzig. . . . Drei Wochen sind einundzwanzig Tage. Richtig! Ja, superrichtig."

Konstante Kalkulationen und so viel Arithmetik brachten natürlich Fehler. Als am einundzwanzigsten Tag die Henne die Eier mit besonderer Vorsicht oder Aufmerksamkeit untersuchte, entdeckte sie, dass die Temperatur normal war. Das Herzklopfen der Küken war nur schwach. Allerdings zeugte es von Leben. Doch nach allem und allem waren am Ende des einundzwanzigsten Tages keine Küken da. Die Henne gackerte: „Gluck-gluck-gluck," doch im Nest herrschte tiefstes Schweigen.

Die einzig mögliche Schlussfolgerung war, dass irgendwo ein arithmetischer Fehler lag. Die Henne beschloss, im Nest sitzen zu bleiben, bis sie die Küken sah. Jeden Tag examinierte sie die Eier und zählte aus Gewohnheit die Tage: „Eins, zwei und drei . . . vier, fünf und sechs." Da! Am sechsten Tag war plötzlich das Herzklopfen der Küken in den Schalen sehr stark. Jetzt war es das andere Extrem, denn das Herzklopfen war übertrieben, schnell, schrecklich, unglaublich. Schliesslich kam die letzte Stunde des siebten Tages. Die Henne gackerte vor Begeisterung. Um acht Uhr morgens hörte sie einen lauten Knall: *krack —krack*. Im nächsten Augenblick kroch ein enormes gelbes Küken aus der Schale. In schnellem Rhythmus produzierte ein anderes Ei den gleichen Knall: ein zweites enormes gelbes Küken schlüpfte aus der Schale. Schalen und noch mehr Schalen. Küken und noch mehr Küken. Als die Sonne hoch im Mittag stand, hatten die vierzehn aussergewöhnlichen und seltsamen Küken die wichtige Aufgabe vollbracht, aus ihren Schalen zu schlüpfen.

Die Henne war die ganze Zeit damit beschäftigt gewesen, die Schalen aus dem Nest zu werfen, damit die Küken nicht den Erstickungstod erleiden mussten. Sie war glücklich und begeistert und hatte all die ausgestandenen Ängste und Aufregungen vergessen aus Dankbarkeit für das Mysterium des Nestes und der Eier. Ihre ganze Aufmerksamkeit und Bewunderung galt jetzt ihren Kindern, die alle gleich waren in Farbe und Gestalt. (Die Wahrheit ist, dass die fromme Mutter blind vor Liebe war und weiter nichts sehen konnte als die unwahrscheinliche Schönheit ihrer vierzehn halbgöttlichen und unbeschreiblichen Wesen, die sie mit unvergleichlicher Leidenschaft liebte.) Sie konnte nur noch an eines denken: die Pläne für die Erziehung ihrer aristokratischen Familie.

Nach genau achtundvierzig Stunden beschloss Mutter Henne, ihren Küken eine Sprachlektion zu geben. Sie sagte: „Das erste, was ihr lernen müsst, ist ‚piep-piep-piep.‘ Das heisst ‚Guten Morgen‘ in der Sprache der Küken. Jetzt wiederholt mit mir: ‚piep-piep-piep‘ “; aber die vierzehn kindlichen Stimmen riefen: „Quak-quak-quak. Quak-quak-quak!“ „Nein, nein, nein, das ist nicht die Sprache der Küken. Die Küken sagen, ‚piep-piep-piep.‘ Wiederholt es mit mir: piep-piep-piep. Los!“ Aber die frechen Kleinen wiederholten im Chor: „Quak-quak-quak. Quak-quak-quak.“ Ach Gott, es war unmöglich, diesen impertinenten Kindern eine Lektion zu geben.

Die Henne beschloss, die Pädagogie der Muttersprache aufzugeben und ihre Kinder zum kristallklaren Bach zu führen.

„Achtung!“ gackerte sie. „Jetzt werden wir im kristall-

115

klaren Bach Wasser trinken. Wasser ist ein sehr wichtiges Element im Leben einer Henne und ihrer Familie. Wasser ist unentbehrlich für . . .'' Kein einziges Küken hörte dem hydraulischen Vortrag zu. Aber die Henne fuhr fort: ,,Wir gehen jetzt zum runden Teich des Baches, wo all die grossen Tiere ihr Wasser saufen. Ich erlaube euch, so viel Wasser zu trinken wie ihr wollt, aber unter einer Bedingung: Ihr dürft euch nicht die Füsse nassmachen. Wenn ihr euch die Füsse nassmacht, werdet ihr einen schrecklichen Anfall von Rheumatismus bekommen. Jawohl, Rheumatismus! Rheumatismus ist eine schreckliche Krankheit. Ach Gott, ach Gott, ach Gott, ja, ja, meine arme Grossmutter. Sie starb an Rheu-Rheu-Rheummmm-mmmmma-tis-mus. Ach, was für ein Unglück. Was für eine Kalamität. Macht ihr euch die Füsse nass, bin ich nicht dafür verantwortlich, wenn ihr an Rheumatismus sterbt. Also—ihr dürft euch nicht die Füsse nassmachen. Trinkt, trinkt nach Herzenslust, aber macht euch nicht die Füsse nass.''

,,Nun stellt euch in einer geschlossenen Gruppe auf und marschiert los! Ich sage, in einer geschlossenen Gruppe, damit ihr euch gegen eure Feinde verteidigen könnt.'' Sofort marschierte die Henne an der Spitze ihrer Familie los. Nachdem sie etwa die halbe Entfernung in schnellem Schritt marschiert war, drehte sie sich um, um zu sehen, ob ihre Kinder ihr folgten. Da entdeckte sie, dass diese nicht in einer geschlossenen Gruppe marschierten sondern in einer langen Linie! Ein Küken marschierte hinter dem anderen. Eines folgte dem anderen, so, als ob sie die Instruktionen, in einer geschlossenen Gruppe zu marschieren, nie gehört hätten.

,,Aha, ihr marschiert nicht in einer geschlossenen Gruppe, wie ich es gesagt habe? Denkt ihr denn, dies sei eine militärische Parade? Los! Formt eine Gruppe! Ihr frechen Kleinen! Ihr Nichtsnutze! Ungehorsame Küken! Unerzogene Kinder! . . ." Aber die Küken waren unverbesserlich. Es war unmöglich, sie mit Worten oder auch dem kleinsten Befehl zum Gehorsam zu bringen. Die Henne sah, dass die Vorträge und Predigten überhaupt keinen Effekt hatten. So resignierte sie und beschloss, den Hahn zu konsultieren. Ach ja, der Hahn ist der Vater der Küken und sehr weise. Der Hahn wird Disziplin in diese Familie bringen. ,,Wo kann nur mein Hahn sein? Ja, ich werde meinen Hahn konsultieren, und er wird dieses Problem lösen, was für mich unmöglich ist. Freche Küken!"

In diesem Moment gelangte die Henne am Teich an und begann, voller Sorgen und Ängste, das kristallklare und reine Wasser des Baches zu trinken. Sie trank und trank, bis sie genug hatte. Aber ein neuer, unvorhergesehener Schrecken erwartete unsere arme, mitgenommene Henne: Die Küken gelangten ans Wasser und stürzten sich ohne weitere Zeremonien und Worte kopfüber ins Wasser. *Klatsch! klatsch! klatsch!*—alle vierzehn Küken planschten im nächsten Augenblick vergnügt im Wasser herum.

Die Henne schrie in Verzweiflung: ,,Rheu—ma—tis—muuuus! Ihr Dummköpfe! Ihr Gewissenlosen! Ihr Nichtsnutze! Kommt sofort raus! Raus aus dem Wasser! Ich befehle: *raus!*"

Sie schrie und gackerte und schrie und gackerte, bis ihre Stimme mit den gequälten Stimmbändern vor Angst versagte, doch die ungehorsamen Kinderchen hörten nicht. Sie begannen herumzuschwimmen, hin und her und her und hin. Sie schwammen in Kreisen und Spiralen. Sie schwammen in vierzig verschiedene Richtungen. Sie schwammen über eine Stunde. Schliesslich kamen sie aus dem Wasser. Sie schüttelten ihre Flügel und Schwänzchen in sichtbarer Freude und mit absoluter Indifferenz.

Die Henne war verzweifelt und beschloss, die frechen Küken zu verlassen. Sie konnte jedoch der Versuchung nicht widerstehen, ihnen noch einen letzten Vortrag zu halten. In grossem Ernst gackerte sie vier oder fünf Adjektive, doch da unterbrach sie ein impertinentes Küken: „Hören Sie, Frau Henne. Wir sind keine Küken. Wir sind keine Nichtsnutze, und wir sind auch nicht frech. Wir sind Entlein. Ja! Fragen Sie nur den Hahn."

Die Henne unterbrach das eloquente Entlein: „*Entlein?!* Ich werde den Hahn konsultieren. Aber vorher will ich euch noch eins sagen: ihr seid sehr ungehorsam und sehr arrogant. Auf Wiedersehen und bis ans Ende des Universums."

Bei den letzten Worten der Henne waren die Entlein schon auf der Weide verschwunden, um den Ort nach etwas Essbarem zu erforschen. Und wir wissen jetzt, dass sie viele seltsame Erlebnisse hatten, die aber nicht tragisch oder unheilvoll waren. Alle Entlein sind jetzt gross. Sie erinnern sich nicht an den phantastischen Beginn ihres Lebens unter der Fürsorge unserer durchreisenden aristokratischen Henne.

Da gibt es noch eine letze Einzelheit, um das Mysterium aufzuklären. An jenem Nachmittag, an dem die Henne bedingungslosen Besitz von dem Nest und den Eiern genommen hatte, hörte man in einiger Entfernung Tanzmusik. Es waren die Akkorde zu einer Hochzeitsfeier in dem Bauernhaus. Bei diesem Hochzeitsbankett wurden vier Enten serviert. Einer dieser Vögel war nicht mehr und nicht weniger die Mutter der seltsamen und exzentrischen Küken. Aber diese Information darf nicht weitergegeben werden, ohne den Herrn Hahn zu fragen, denn er ist sehr sensibel und sehr weise.

der Hahn
the rooster

GRAMMAR SECTION

1. ARTICLES

In German there are masculine, feminine, and neuter articles. This is something that you will just have to accept. The best way to remember gender is to learn the articles and nouns together.

Definite Articles

1. **der:** *the* (masculine, singular)
   der Park, *the park*
   der Bus, *the bus*
   der Garten, *the garden*
   der Hund, *the dog*
   der Tourist, *the tourist*

2. **die:** *the* (feminine, singular)
   die Gitarre, *the guitar*
   die Kamera, *the camera*
   die Katze, *the cat*
   die Rose, *the rose*
   die Tomate, *the tomato*

3. **das:** *the* (neuter, singular)
   das Restaurant, *the restaurant*
   das Hotel, *the hotel*
   das Theater, *the theater*
   das Programm, *the program*
   das Orchester, *the orchestra*

4. **die:** *the* (plural). **Die** is masculine, feminine and neuter.
 die Rosen, *the roses*
 die Tomaten, *the tomatoes*
 die Sardinen, *the sardines*
 die Kinder, *the children*
 die Postkarten, *the postcards*
 die Hunde, *the dogs*

Indefinite Articles

1. **ein:** *a, an* (masculine and neuter, singular)
 ein Park, *a park*
 ein Bus, *a bus*
 ein Garten, *a garden*
 ein Restaurant, *a restaurant*
 ein Hotel, *a hotel*
 ein Programm, *a program*

2. **eine:** *a, an* (feminine, singular)
 eine Gitarre, *a guitar*
 eine Kamera, *a camera*
 eine Katze, *a cat*
 eine Rose, *a rose*
 eine Tomate, *a tomato*

2. NOUNS

Singular Nouns

There are masculine, feminine, and neuter nouns in German. No rule can tell you which noun is masculine or feminine or neuter. The best way to remember the gender of a noun is to learn the article and the noun together.

1. Singular masculine nouns take the definite article **der.**
   der Park, *the park*
   der Bus, *the bus*
   der Garten, *the garden*
   der Hund, *the dog*
   der Tourist, *the tourist*

2. Feminine nouns take the definite article **die.**
   die Gitarre, *the guitar*
   die Kamera, *the camera*
   die Katze, *the cat*
   die Rose, *the rose*
   die Tomate, *the tomato*

3. Singular neuter nouns take the definite article **das.**
   das Restaurant, *the restaurant*
   das Hotel, *the hotel*
   das Theater, *the theater*
   das Programm, *the program*
   das Orchester, *the orchestra*

Plural Nouns

1. In general, feminine nouns end in **N** in the plural.
   die Rose, *the rose*   die Rosen, *the roses*
   die Tulpe, *the tulip*   die Tulpen, *the tulips*
   die Olive, *the olive*   die Oliven, *the olives*
   die Henne, *the hen*   die Hennen, *the hens*
   die Maschine, *the machine*   die Maschinen, *the machines*
   die Socke, *the sock*   die Socken, *the socks*

2. Many masculine and neuter nouns end in **E** in the plural.
   der Stern, *the star*   die Sterne, *the stars*
   der Schuh, *the shoe*   die Schuhe, *the shoes*
   der Tag, *the day*   die Tage, *the days*

das Schiff, *the ship*   die Schiffe, *the ships*
das Konzert, *the concert*   die Konzerte, *the concerts*
das Butterbrot, *the*   die Butterbrote, *the*
sandwich   sandwiches

3. In order to form the plural of many masculine and neuter nouns you add **ER** to the singular.

der Mann, *the man*   die Männer, *the men*
das Kind, *the child*   die Kinder, *the children*
das Kleid, *the dress*   die Kleider, *the dresses*
das Ei, *the egg*   die Eier, *the eggs*

4. Masculine and neuter nouns that end in **ER** or **EN** or **EL** have the same ending in the singular and the plural.

der Amerikaner, *the*   die Amerikaner, *the*
American   *Americans*
der Pullover, *the sweater*   die Pullover, *the sweaters*
das Theater, *the theater*   die Theater, *the theaters*
der Kuchen, *the cake*   die Kuchen, *the cakes*
das Mädchen, *the girl*   die Mädchen, *the girls*
das Küken, *the chicken*   die Küken, *the chickens*
der Vogel, *the bird*   die Vögel, *the birds*
der Flügel, *the wing*   die Flügel, *the wings*

5. Some masculine, feminine, and neuter nouns end in **S** in the plural. These are usually international words.

der Park, *the park*   die Parks, *the parks*
das Hotel, *the hotel*   die Hotels, *the hotels*
das Restaurant, *the*   die Restaurants, *the*
restaurant   *restaurants*
das Auto, *the car*   die Autos, *the cars*
die Kamera, *the camera*   die Kameras, *the cameras*

3. SPELLING DIFFERENCES

There are some general differences in spelling between German and English. You will understand German much more easily if you know even some of these differences.

1. The English *C* often becomes **K** in German.

$$C = K$$

the continent, *der Kontinent*
the cat, *die Katze*
the cellar, *der Keller*
abstract, *abstrakt*
the compliment, *das Kompliment*
the candidate, *der Kandidat*
the consul, *der Konsul*
the class, *die Klasse*
the card, *die Karte*
cold, *kalt*
the culture, *die Kultur*
the structure, *die Struktur*
cultivate, *kultivieren*
Canada, *Kanada*
America, *Amerika*
Mexico, *Mexiko*
Africa, *Afrika*

2. The English *SH* often becomes **SCH** in German.
sharp, *scharf*
fresh, *frisch*
shoe, *Schuh*
shine, *scheinen*
wash, *waschen*
the ship, *das Schiff*

3. All nouns begin with a capital letter in German.
the bus, *der Bus*
the garden, *der Garten*
the flower, *die Blume*
the architect, *der Architekt*
the boat, *das Boot*

4. The word **Sie** (*you*) is written with a capital letter, but **ich** (*I*) is not.

4. VERBS

REGULAR VERBS

Present Tense

To form the present tense of German regular verbs, remove the final **en** from the infinitive and add the following endings to the stem:

	Singular	Plural	
I	____e	____en	*we*
you	____en	____en	*you*
he, she, it	____t	____en	*they*

Sample Verb

schwimmen, *to swim*

ich schwimme: *I swim, I am swimming*
Sie schwimmen: *you swim, you are swimming*
er schwimmt: *he swims, he is swimming*
sie schwimmt: *she swims, she is swimming*
es schwimmt: *it swims, it is swimming*
wir schwimmen: *we swim, we are swimming*
Sie schwimmen: *you (pl.) swim, you (pl.) are swimming*
sie schwimmen: *they swim, they are swimming*

REGULAR VERBS

Past Tense

ich habe, *I have*
Sie haben, *you have*
er hat, *he has*
sie hat, *she has*
es hat, *it has*
wir haben, *we have*
Sie haben, *you (pl.) have*
sie haben, *they have*

plus the past participle.
How to form the past participle:
  Drop the final **en** from the infinitive.
  Place **ge** before the stem and t after the stem.

EXAMPLES:

Infinitive	Past Participle
1. **kaufen**	**gekauft**
to buy	*bought*
2. **lernen**	**gelernt**
to learn	*learned*
3. **machen**	**gemacht**
to make	*made*
4. **spielen**	**gespielt**
to play	*played*
5. **lachen**	**gelacht**
to laugh	*laughed*
6. **sagen**	**gesagt**
to say	*said*
7. **fragen**	**gefragt**
to ask	*asked*
8. **küssen**	**geküsst**
to kiss	*kissed*
9. **lieben**	**geliebt**
to love	*loved*

Sample Verbs

kaufen, *to buy*

ich habe gekauft: *I bought, I have bought*
Sie haben gekauft: *you bought, you have bought*
er hat gekauft: *he bought, he has bought*
sie hat gekauft: *she bought, she has bought*
wir haben gekauft: *we bought, we have bought*
Sie haben gekauft: *you (pl.) bought, you (pl.) have bought*
sie haben gekauft: *they bought, they have bought*

lernen, *to learn*

ich habe gelernt: *I learned, I have learned*
Sie haben gelernt: *you learned, you have learned*
er hat gelernt: *he learned, he has learned*
sie hat gelernt: *she learned, she has learned*
es hat gelernt: *it learned, it has learned*
wir haben gelernt: *we learned, we have learned*
Sie haben gelernt: *you (pl.) learned, you (pl.) have learned*
sie haben gelernt: *they learned, they have learned*

Past Tense of Verbs Formed with SEIN (*to be*)

In German the past tense of some verbs is formed with the auxiliary **sein.**

sein, *to be*

	Singular	Plural	
I am	**ich bin**	**wir sind**	*we are*
you are	**Sie sind**	**Sie sind**	*you are*
he is	**er ist**	**sie sind**	*they are*
she is	**sie ist**		
it is	**es ist**		

126

Sample Verbs

gehen, *to go*

ich bin gegangen: *I went, I have gone*
Sie sind gegangen: *you went, you have gone*
er ist gegangen: *he went, he has gone*
sie ist gegangen: *she went, she has gone*
es ist gegangen: *it went, it has gone*
wir sind gegangen: *we went, we have gone*
Sie sind gegangen: *you (pl.) went, you (pl.) have gone*
sie sind gegangen: *they went, they have gone*

kommen, *to come*

ich bin gekommen: *I came, I have come*
Sie sind gekommen: *you came, you have come*
er ist gekommen: *he came, he has come*
sie ist gekommen: *she came, she has come*
es ist gekommen: *it came, it has come*
wir sind gekommen: *we came, we have come*
Sie sind gekommen: *you (pl.) came, you (pl.) have come*
sie sind gekommen: *they came, they have come*

List of Verbs Which Use SEIN to Form the Past Tense

wir sind gegangen, *we went (we are gone)*
wir sind gekommen, *we came (we are come)*
wir sind gefahren, *we drove (we are driven)*
wir sind angekommen, *we arrived (we are arrived)*
wir sind zurückgekommen, *we came back (we are come back)*
wir sind geblieben, *we stayed, (we are stayed)*
wir sind gelaufen, *we ran (we are run)*
wir sind geflogen, *we flew (we are flown)*
wir sind gewesen, *we were (we are been)*

IRREGULAR VERBS

Present Tense

können, *to be able*

	Singular		Plural	
I can	**ich kann**	**wir können**	*we can*
you can	**Sie können**	**Sie können**	*you can*
he can	**er kann**	**sie können**	*they can*
she can	**sie kann**		
it can	**es kann**		

müssen, *to have to*

	Singular		Plural	
I have to	**ich muss**	**wir müssen**	*we have to*
you have to	**Sie müssen**	**Sie müssen**	*you have to*
he has to	**er muss**	**sie müssen**	*they have to*
she has to	**sie muss**		
it has to	**es muss**		

werden, *to become*

	Singular		Plural	
I become	**ich werde**	**wir werden**	*we become*
you become	**Sie werden**	**Sie werden**	*you become*
he becomes	**er wird**	**sie werden**	*they become*
she becomes	**sie wird**		
it becomes	**es wird**		

REMEMBER: This verb is also used as an auxiliary to express future action. EXAMPLE:

Ich werde studieren, *I'm going to study*

wollen, *to want*

	Singular	Plural	
I want	ich will	wir wollen	*we want*
you want	Sie wollen	Sie wollen	*you want*
he wants *she wants* *it wants*	er will sie will es will	sie wollen	*they want*

haben, *to have*

	Singular	Plural	
I have	ich habe	wir haben	*we have*
you have	Sie haben	Sie haben	*you have*
he has *she has* *it has*	er hat sie hat es hat	sie haben	*they have*

sein, *to be*

	Singular	Plural	
I am	ich bin	wir sind	*we are*
you are	Sie sind	Sie sind	*you are*
he is *she is* *it is*	er ist sie ist es ist	sie sind	*they are*

There are some verbs which are irregular only in the *he, she, it* form as below:

geben, *to give*

	Singular	Plural	
I give	ich gebe	wir geben	*we give*
you give	Sie geben	Sie geben	*you give*
he gives *she gives* *it gives*	er gibt sie gibt es gibt	sie geben	*they give*

sehen, *to see*

	Singular	Plural	
I see	ich sehe	wir sehen	*we see*
you see	Sie sehen	Sie sehen	*you see*
he sees *she sees* *it sees*	er sieht sie sieht es sieht	sie sehen	*they see*

sprechen, *to speak*

	Singular	Plural	
I speak	ich spreche	wir sprechen	*we speak*
you speak	Sie sprechen	Sie sprechen	*you speak*
he speaks *she speaks* *it speaks*	er spricht sie spricht es spricht	sie sprechen	*they speak*

waschen, *to wash*

	Singular	Plural	
I wash	ich wasche	wir waschen	*we wash*
you wash	Sie waschen	Sie waschen	*you wash*
he washes *she washes* *it washes*	er wäscht sie wäscht es wäscht	sie waschen	*they wash*

arbeiten, *to work*

	Singular	Plural	
I work	ich arbeite	wir arbeiten	*we work*
you work	Sie arbeiten	Sie arbeiten	*you work*
he works	er arbeitet	sie arbeiten	*they work*
she works	sie arbeitet		
it works	es arbeitet		

IRREGULAR VERBS

Past Tense

The past tense of irregular verbs is easy to learn, since only the past participle is irregular.

EXAMPLES:

1. **waschen**   **ich habe gewaschen**
   to wash   *I washed, I have washed*
2. **sehen**   **ich habe gesehen**
   to see   *I saw, I have seen*
3. **studieren**   **ich habe studiert**
   to study   *I studied, I have studied*
4. **schreiben**   **ich habe geschrieben**
   to write   *I wrote, I have written*
5. **lesen**   **ich habe gelesen**
   to read   *I read, I have read*
6. **vergessen**   **ich habe vergessen**
   to forget   *I forgot, I have forgotten*
7. **besuchen**   **ich habe besucht**
   to visit   *I visited, I have visited*

Sample Verb

sehen, *to see*

ich habe gesehen: *I saw, I have seen*
Sie haben gesehen: *you saw, you have seen*
er hat gesehen: *he saw, he has seen*
sie hat gesehen: *she saw, she has seen*
es hat gesehen: *it saw, it has seen*
wir haben gesehen: *we saw, we have seen*
Sie haben gesehen: *you (pl.) saw, you (pl.) have seen*
sie haben gesehen: *they saw, they have seen*

The Imperfect Tense

The imperfect tense is a narrative form. You will find it in the story „Die frechen Küken" in this book.

In order to form the imperfect, remove the final **en** from the infinitive and add the following endings to the stem:

	Singular	Plural	
I	_____te	_____ten	*we*
you	_____ten	_____ten	*you*
he, she, it	_____te	_____ten	*they*

Sample Verbs

kaufen, *to buy*

ich kaufte: *I bought, I was buying*
Sie kauften: *you bought, you were buying*
er kaufte: *he bought, he was buying*
sie kaufte: *she bought, she was buying*
es kaufte: *it bought, it was buying*
wir kauften: *we bought, we were buying*
Sie kauften: *you (pl.) bought, you (pl.) were buying*
sie kauften: *they bought, they were buying*

sagen, *to say*

ich sagte: *I said, I was saying*
Sie sagten: *you said, you were saying*
er sagte: *he said, he was saying*
sie sagte: *she said, she was saying*
es sagte: *it said, it was saying*
wir sagten: *we said, we were saying*
Sie sagten: *you (pl.) said, you (pl.) were saying*
sie sagten: *they said, they were saying*

THE FAMILIAR FORM OF ADDRESS

In German we use an intimate form of address when we speak to children, members of the family or close friends.

The pronouns we use in intimate conversation are **du,** *you, thou* (singular) and **ihr,** *you* (plural).

Verbs that you use in intimate conversation end in **ST** in the singular and **T** in the plural.

REMEMBER: When you use the pronoun **du,** *you, thou* (singular), verbs end in **ST.** When you use the pronoun **ihr,** *you* (plural), verbs end in **T.**

EXAMPLES:

FORMAL (sing. and plural)	INTIMATE (singular)	INTIMATE (plural)
Sie gehen	**du gehst**	**ihr geht**
you go	*you go*	*you go*
Sie kaufen	**du kaufst**	**ihr kauft**
you buy	*you buy*	*you buy*
Sie studieren	**du studierst**	**ihr studiert**
you study	*you study*	*you study*
Sie haben studiert	**du hast studiert**	**ihr habt studiert**
you studied	*you studied*	*you studied*
Sie haben gekauft	**du hast gekauft**	**ihr habt gekauft**
you bought	*you bought*	*you bought*
Sie marschierten	**du marschiertest**	**ihr marschiertet**
you marched	*you marched*	*you marched*

5. CONTRACTIONS

1. **in** *(in, at, to)* is combined with the definite article in the following ways:
   a. **in + dem = im** *(masculine and neuter singular)*
      im Park, *in the park*
      im Kino, *at the movies*
   b. **in + das = ins** *(neuter singular)*
      ins Kino, *to the movies*
      ins Restaurant, *to the restaurant*

2. **für** *(for)* is combined with the definite article in the following way:
   für + das = fürs *(neuter singular)*
      fürs Picknick, *for the picnic*
      fürs Kind, *for the child*

3. **zu** *(to)* is combined with the definite article in the following ways:
   a. **zu + dem = zum** *(masculine and neuter singular)*
      Ich gehe zum Supermarkt. *I'm going to the supermarket.*
      zum Bahnhof, *to the station*
   b. **zu + der = zur** *(feminine singular)*
      zur Bank, *to the bank*
      zur Party, *to the party*

6. WORD ORDER

1. It is very important to remember that in German time always comes before place.
   when—where
   Ich gehe morgen in den Park. *I'm going to the park tomorrow.*

Ich war gestern zu Hause. *I was at home yesterday.*
Fritz hat gestern im Park gespielt. *Fritz played in the park yesterday.*

2. Remember this word order:
   when—with whom—where
   Ich gehe morgen mit Fritz in den Park. *I'm going to the park with Fritz tomorrow.*
   Ich war gestern mit Fritz zu Hause. *I was at home with Fritz yesterday.*
   Fritz hat gestern mit den Kindern im Park gespielt. *Fritz played in the park yesterday with the children.*

3. Word Order in the Past Tense
   Remember to put the auxiliary verb at the beginning and the past participle at the end of the sentence.
   verb—what—verb
   Ich habe ein Radio gekauft. *I bought a radio. (I have a radio bought.)*
   Ich habe Limonade gemacht. *I made lemonade.*
   Karl hat einen Hut gekauft. *Karl bought a hat.*

4. Remember this word order:

   verb—$\left\{ \begin{array}{l} \text{what} \\ \text{whom} \end{array} \right\}$—where—verb

   Ich habe den Clown im Zirkus gesehen. *I saw the clown in the circus.*
   Marie hat Butter im Supermarkt gekauft. *Marie bought butter in the supermarket.*
   Sie hat die Bluse im Garten gewaschen. *She washed the blouse in the garden.*

5. Remember this word order:

verb—when— $\left\{ \begin{matrix} \text{what} \\ \text{whom} \end{matrix} \right\}$ —verb

Ich habe gestern ein Radio gekauft. *I bought a radio yesterday.*

Ich habe heute Salat gemacht. *I made a salad today.*

Ich habe gestern Marie gesehen. *I saw Marie yesterday.*

6. Study this word order: Place the auxiliary at the beginning and the infinitive at the end of a sentence, as below.

verb—what—verb

Ich muss das Auto parken. *I have to park the car.*

Können Sie Gitarre spielen? *Can you play the guitar?*

Werden Sie Bananen kaufen? *Are you going to buy bananas?*

7. DECLENSION OF ARTICLES

When you use a noun as the subject of a sentence, you use the articles as they have been presented on pages 119–120. But when you use a noun as an object or in the possessive, you change the article in the following way:

MASCULINE

Definite Articles

1. **der** changes to **den** before a direct object.

Ich verstehe den Professor. *I understand the professor.*

2. **der** changes to **dem** before an indirect object.

Ich gebe dem Professor das Buch. *I give the book to the professor.*

3. **der** changes to **des** in the possessive.

Der Hut des Professors ist alt. *The professor's hat is old.*

MASCULINE

Indefinite Articles

4. **ein** changes to **einen** before a direct object.

Ich habe einen Freund in der Klasse. *I have a friend in the class.*

5. **ein** changes to **einem** before an indirect object.

Ich habe einem Freund das Buch gegeben. *I gave the book to a friend.*

6. **ein** changes to **eines** before the possessive.

Die Liebe eines Freundes ist immer gut. *A friend's love is always good.*

NOTE: In general, masculine nouns end in **S** in the possessive, as above.

	the professor	*a friend*
Subject	der Professor	ein Freund
Direct Object	den Professor	einen Freund
Indirect Object	dem Professor	einem Freund
Possessive	des Professors	eines Freundes

FEMININE

Definite Articles

1. **die** does not change before a direct object.
   Ich verstehe die Lehrerin. *I understand the teacher.*

2. **die** changes to **der** before an indirect object.
   Ich gebe der Lehrerin das Buch. *I give the book to the teacher.*

3. **die** changes to **der** before the possessive.
   Die Augen der Lehrerin sind schön. *The eyes of the teacher are beautiful.*

FEMININE

Indefinite Articles

4. **eine** does not change before a direct object.
   Ich habe eine Freundin. *I have a friend (feminine).*

5. **eine** changes to **einer** before an indirect object.
   Ich habe das Buch einer Freundin gegeben. *I gave the book to a friend.*

6. **eine** changes to **einer** before a possessive.
   der Garten einer Freundin, *the garden of a friend*

	the teacher	*a (girl) friend*
Subject	die Lehrerin	eine Freundin
Direct Object	die Lehrerin	eine Freundin
Indirect Object	der Lehrerin	einer Freundin
Possessive	der Lehrerin	einer Freundin

NEUTER

Definite Articles

1. **das** does not change before a direct object.
   Ich habe das Baby im Park gesehen. *I saw the baby in the park.*

2. **das** changes to **dem** before an indirect object.
   Ich habe dem Baby einen Ball gegeben. *I gave the baby a ball.*

3. **das** changes to **des** before a possessive.
   Die Augen des Babys sind blau. *The baby's eyes are blue.*

NEUTER

Indefinite Articles

4. **ein** does not change before a direct object.
   Ich habe ein Baby im Park gesehen. *I saw a baby in the park.*

5. **ein** changes to **einem** before an indirect object.
   Ich habe einem Baby den Ball gegeben. *I gave the ball to a baby.*

6. **ein** changes to **eines** before the possessive.
   der Ball eines Babys, *a baby's ball*

NOTE: In general, neuter nouns end in **S** in the possessive, as above.

	the baby	a baby
Subject	das Baby	ein Baby
Direct Object	das Baby	ein Baby
Indirect Object	dem Baby	einem Baby
Possessive	des Babys	eines Babys

PLURAL ARTICLES

Remember that there is only one plural article, **die** (*the*), for all nouns, whether they are masculine, neuter or feminine.

1. **die** does not change before a direct object.
   Ich habe die Kinder im Park gesehen. *I saw the children in the park.*

2. **die** changes to **den** before an indirect object.
   Ich habe den Kindern Bonbons gegeben. *I gave the children candy.*

3. **die** changes to **der** before a possessive.
   Der Hund der Kinder ist im Garten. *The children's dog is in the garden.*

NOTE: In general, plural nouns end in the letter **N** in the indirect object, as above.

	the children
Subject	die Kinder
Direct Object	die Kinder
Indirect Object	den Kindern
Possessive	der Kinder

VOCABULARY

Some of the following words are included not as learning vocabulary, but merely to aid you in comprehension of the story „Die frechen Küken" on page 108.

A

Abend, *m.* evening
Abendbrot, *n.* supper
aber, but
Absicht, *f.* intention
absolut, absolute
abstrakt, abstract
ach, oh
    ach du lieber Himmel, oh, dear heaven
acht, eight
achthundert, eight hundred
achtundvierzig, forty-eight
achtundzwanzig, twenty-eight
Achtung, *f.* attention
achtzehn, eighteen
achtzig, eighty
Adjektive, *n.pl.* adjectives
Affe, *m.* monkey
Afrika, *n.* Africa
Akkorde, *m.pl.* chords
all, all
alle, all, everybody
allein, alone
allerdings, nevertheless
als, when, than
    als ob, as if
also, thus; so; well, then
alt, old
Amerika, *n.* America
an, at; on; by reason of
andere, other
Anfall, *m.* attack

angenehm, agreeable
Ängste, *f.pl.* fears, anxieties
ankommen, to arrive
ankündigen, to announce
Anstrengungen, *f.pl.* exertions, strains
antworten, to answer
Anzug, *m.* suit
Apfelbaum, *m.* apple tree
Appetit, *m.* appetite
April, *m.* April
arbeiten, to work
    arbeitete . . . sich . . . vor, penetrated
aristokratisch, aristocratic
Arithmetik, *f.* arithmetic
arithmetisch, arithmetical
arm, poor
attraktiv, attractive
auch, also
auf, on
    auf dem, *m. and n. sing.* on the
    auf der, *f. sing.* on the
Aufgabe, *f.* task
aufgeben, to give up
aufklären, to clear
Aufmerksamkeit, *f.* attention
Aufregungen, *f.pl.* agitations
Auge, *n.* eye
    Augen, eyes
Augenblick, *m.* moment
August, *m.* August
aus, out

ausgeschlossen, out of the question

ausgestanden, endured

ausgezeichnet, excellent

ausruhen, to rest

aussergewöhnlich, extraordinary

Aussichten, *f.pl.* prospects

ausstiess, uttered

Auto, *n.* car

B

Baby, *n.* baby

Bach, *m.* brook

Bäckerei, *f.* bakery

Bademantel, *m.* bathrobe

baden, to bathe

Badezimmer, *n.* bathroom

Ball, *m.* ball

Ballett, *n.* ballet

Bananen, *f.pl.* bananas

Bank, *f.* bank

Bankett, *n.* banquet

Bauernhof, *m.* farm

Baum, *m.* tree

  Bäume, trees

Bedingung, *f.* condition

bedingungslos, unconditional

Beefsteak, *n.* beefsteak

beendet, finished

Befehl, *m.* order

befehlen, to order

begann, began

begeistert, enthusiastic

Begeisterung, *f.* enthusiasm

begiessen, to water, to douse

Beginn, *m.* beginning

beginnen, to begin

bei, at

bekämpfen, to fight

bekommen, to get

Benzin, *n.* gasoline

bequem, comfortable

  sie machte es sich bequem, she accommodated herself

beschäftigt, occupied

beschloss, decided

Besitz, *m.* possession

  in Besitz nehmen, to take possession

besonderer, special

besuchen, to visit

betrat, entered

Bett, *n.* bed

bevölkert, populated

Bewunderung, *f.* admiration

bin, am

bis, until

Bissen, *m.pl.* bites

bitte, please; you're welcome

blau, blue

bleiben, to stay

Blick, *m.* look

blind, blind

Blumen, *f.pl.* flowers

Bluse, *f.* blouse

  Blusen, blouses

Bohnen, *f.pl.* beans

Bonbons, *m.pl.* hard candy

Boot, *n.* boat

bot, offered, presented itself

brachten, brought

brauchen, to need

braun, brown

bringen, to bring

Brise, *f.* breeze

Brot, *n.* bread

Buch, *n.* book

Büro, *n.* office

Bus, *m.* bus

Busch, *m.* bush
  Büsche, bushes
Butter, *f.* butter
Butterbrot, *n.* sandwich
  Butterbrote, sandwiches

C

Chor, *m.* chorus
Clown, *m.* clown

D

da, there; then
  da ja, since indeed
dabei, at it
Dach, *n.* roof
dafür, for it, for that
Dame, *f.* lady
damit, with it; so that
Dankbarkeit, *f.* gratitude
danke, thank you
danksagen, to give thanks
dann, then
daran, on that, at that
darf, may
das, the, that
dass, that
denken, to think
  denkt ihr? do you think?
der, the
Desaster, *n.* disaster
Deutsch, *n.* German (language)
Deutschbuch, *n.* German book
Dezember, *m.* December
dicht, dense
die, the; who
Dienstag, *m.* Tuesday
dies, diese, dieser, this
Dinge, *n.pl.* things
diplomatisch, diplomatic
Distanz, *f.* distance

Disziplin, *f.* discipline
doch, yet; but
Donnerstag, *m.* Thursday
dort, there
drang . . . vor, penetrated
drehte sie sich um, she turned around
drei, three
dreihundert, three hundred
dreissig, thirty
dreiunddreissig, thirty-three
dreiundzwanzig, twenty-three
dreizehn, thirteen
dritte, third
dumm, stupid
Dummköpfe, *m.pl.* blockheads
dunkel, dark
durch, through
durchreisend, traveling through
dürft, may
Durst, *m.* thirst
Dutzend, *n.* dozen
  ein halbes Dutzend, half a dozen

E

Effekt, *m.* effect
ehrfurchtsvoll, reverent
Ei, *n.* egg
  Eier, eggs
eigentlich, actually
Eimer, *m.* bucket
ein, *m. and n.* a, an
eindringen, to enter, to penetrate
Eindrücke, *m.pl.* impressions
eine, *f.* a, an
Eingang, *m.* entrance
eingeschlafen, asleep
einige, some
einsam, lonely

einundachtzig, eighty-one
einunddreissig, thirty-one
einundfünfzig, fifty-one
einundneunzig, ninety-one
einundsechzig, sixty-one
einundsiebzig, seventy-one
einundvierzig, forty-one
einundzwanzig, twenty-one
einundzwanzigsten, twenty-first
Einzelheit, *f.* detail
   Einzelheiten, details
einzig, only
einzigartig, unique
Eis, *n.* ice cream
Elefanten, *m.pl.* elephants
elegant, elegant
elektrisch, electric
elf, eleven
Element, *n.* element
eloquent, eloquent
Ende, *n.* end
   am Ende, at the end
   ans Ende, to the end
endlich, finally
Englisch, *n.* English (language)
entdecken, to discover
Ente, *f.* duck
Entfernung, *f.* distance
Enthusiasmus, *m.* enthusiasm
Entlein, *n.pl.* ducklings
er, he
erforschen, to explore
erinnern, to remember
erlauben, to permit
Erlebnisse, *n.pl.* experiences
erleiden, to suffer
Ernst, *m.* seriousness
eröffnet, opened
erreichen, to reach
Erstaunen, *n.* astonishment

erste, first
Erstickungstod, *m.* death through
   suffocation
erstklassig, first-class
erwarten, to expect; to await
Erziehung, *f.* education; upbring-
   ing
es, it
Esel, *m.* donkey, donkeys
Essbarem, *n.* edible (thing)
essen, to eat
etwa, approximately
etwas, something
euch, you yourself
eventuell, eventually; if possible
Ewigkeit, *f.* eternity
examinieren, to examine
explorieren, to explore
Extrem, *n.* extreme
exzentrisch, eccentric

F

fahren, to drive
Familie, *f.* family
fand, found
Farbe, *f.* color
   Farben, colors
Februar, *m.* February
Federn, *f.pl.* feathers
Fehler, *m.* error, errors
Feinde, *m.* enemies
Ferien, *pl.* vacation
fertig, ready
fest, firm
Film, *m.* film
finden, to find
fliegen, to fly
floh, fled
floss, flowed, ran

Flügel, *m.* wing, wings
folgen, to follow
formt, form
fort, on, forward, forth
fragen, to ask
frass, devoured, grazed
Frau, *f.* woman
frech, fresh, insolent
Freitag, *m.* Friday
fressen, to devour, to graze
Freude, *f.* joy
Freund, *m.* friend
Freundin, *f.* friend
Frieden, *m.* peace
friedvoll, peaceful
frisch, fresh
fröhlich, merry, gay
fromm, pious
früh, early
Frühling, *m.* spring
Frühstück, *n.* breakfast
fühlen, to feel
fuhr fort, continued
führen, to lead
Fülle, *f.* abundance
fünf, five
fünfhundert, five hundred
fünfundzwanzig, twenty-five
fünfzehn, fifteen
fünfzig, fifty
für, for
fürs, for the
Fürsorge, *f.* care
Füsse, *m.pl.* feet

G

gackern, to cackle
galt, was focused on
ganz, totally; whole
Garage, *f.* garage

Garten, *m.* garden
  Gärten, gardens
geben, to give
gebildet, educated
Gedanken, *m.pl.* thoughts
geehrter Herr, esteemed sir
gegen, against; toward
geheimnisvoll, mysterious
gehen, to go
Gehorsam, *m.* obedience
geistig, mental
gelangen, to arrive
  angelangen, to arrive at
gelb, yellow
Geld, *n.* money
Gelegenheit, *f.* opportunity
Gemüsegarten, *m.* vegetable garden
gen, toward
genau, exactly
genommen, taken
genug, enough
gequält, tortured
Geschichte, *f.* story
geschlossen, closed, compact
Gesellschaft, *f.* society; company
Gestalt, *f.* form
gestern, yesterday
Getreidefelder, *n.pl.* cornfields
Getreidekörner, *n.pl.* grains
getrennt, separate
gewesen, been
gewisse, certain
Gewissenlosen, *pl.* unscrupulous
  ones
Gewohnheit, *f.* habit
  aus Gewohnheit, out of habit
gibt:
  es gibt, there is, there are
  gibt es? is there? are there?

ging, went
   ging ein, entered
Gitarre, *f.* guitar
Glas, *n.* glass
gleich, directly; same
gleichen, same
gleissend, radiant
glücklich, happy
gnädig, kind, gracious
   gnädige Frau, madam
goss, poured
Gott, *m.* god
   Gott sei Dank, thank God
göttlich, divine
Gras, *n.* grass
Grashüpfer, *m.* grasshopper, grasshoppers
grau, gray
gross, big
Grossmutter, *f.* grandmother
Grossvater, *m.* grandfather
Gruppe, *f.* group
   Gruppen, groups
grün, green
gut, good
   gute Nacht, good night
   guten Abend, good evening
   guten Morgen, good morning

H

haben, to have
Hahn, *m.* rooster
halb, half
halbgöttlich, semidivine
halten, to hold
   einen Vortrag halten, to deliver a lecture
Hand, *f.* hand
Handschuhe, *m.pl.* gloves

Handtuch, *n.* towel
hatte, had
hätten, had
Haus, *n.* house
heiss, hot
heissen, to be called
hellicht:
   am hellichten Tag, in broad daylight
Hemd, *n.* shirt
Henne, *f.* hen
heraus, out
Herbst, *m.* fall
Herr, *m.* gentleman
   sehr geehrter Herr, esteemed sir
herrschte, reigned
herum, around
Herzenslust, *f.* one's heart's content
Herzklopfen, *n.* heartbeat
heute, today
   heute abend, tonight
   heute morgen, this morning
hier, here
Himmel, *m.* sky, heaven
   am Himmel, in the sky
hin und her, back and forth
hinter, behind
hob, elevated
hoch, high
Hochzeitsbankett, *n.* wedding banquet
Hochzeitsfeier, *f.* wedding celebration
Hof, *m.* yard
hohe, high
hören, to hear
   hörte . . . zu, listened to

Hotel, *n*. hotel
Hotels, hotels
Hufe, *m.pl.* hoofs
Hühnchen, *n*. chicken
Hühnerstall, *m*. henhouse
Hund, *m*. dog
hundert, hundred
hunderteins, one hundred and one
hunderteinundfünfzig, one hundred fifty-one
hundertfünfzig, one hundred fifty
hundertzwei, one hundred and two
Hunger, *m*. hunger
Hut, *m*. hat
hydraulisch, hydraulic

I

ich, I
ignorant, ignorant
Ihnen, you, to you
ihnen, them, to them
ihr, you, her, to her
ihre, her
im, in the, at the
immer, always
impertinent, impertinent
Impertinenz, *f*. impertinence
in, in
indem, while
Indifferenz, *f*. indifference
ins, to the
Insekten, *n.pl.* insects
Instruktionen, *f*. instructions
intelligent, intelligent
interessant, interesting
Interesse, *n*. interest

Intervalle, *n*. intervals
Investigationen, *f.pl.* investigations
irgendein, some, any
irgendwo, somewhere
Irrtum, *m*. error
ist, is

J

ja, yes; really; indeed
Jacke, *f*. jacket
jawohl, yes indeed
Januar, *m*. January
jede, jeder, jedes, each
jedoch, however
jenem, that
jetzt, now
Juli, *m*. July
Juni, *m*. June

K

Kaffee, *m*. coffee
Kalamität, *f*. calamity
Kalkulationen, *f.pl.* calculations
kalt, cold
kam, came
Kamera, *f*. camera
Kamm, *m*. comb
Kanada, *n*. Canada
Kandidat, *m*. candidate
Karl, Charles
Karten, *f.pl.* cards
Kartoffelsalat, *m*. potato salad
Katze, *f*. cat
kaufen, to buy
Kaufhaus, *n*. department store
kaum, hardly
kauen, to chew

kehrte . . . zurück, returned
kein, keine, keinen, no, not a, not any
Keller, *m.* cellar
Kinder, *n.pl.* children
kindlich, childlike
Kino, *n.* moviehouse
Kirche, *f.* church
Kirschen, *f.pl.* cherries
klar, clear
Klasse, *f.* class
klatsch! smack!
Klavier, *n.* piano
Kleid, *n.* dress
  Kleider, dresses
klein, little, small
Kleinen, *m.pl.* children
kleiner, smaller
kleinsten, smallest
Kletterpflanzen, *f.pl.* climbing plants
Knall, *m.* a loud crack
komisch, comical
kommen, to come
Kompliment, *n.* compliment
können, to be able
  könnt, can
konnte, could
konstant, constant
Konsul, *m.* consul
konsultieren, to consult
Kontinent, *m.* continent
Konversation, *f.* conversation
Konzert, *n.* concert
  Konzerte, concerts
Kooperation, *f.* cooperation
kopfüber, headlong
Körper, *m.* body
kosten, to cost
köstlich, delicious

krank, sick
Krankenhaus, *n.* hospital
Krankheit, *f.* sickness
Krawatte, *f.* necktie
  Krawatten, neckties
Kreise, *m.pl.* circles
kristallklar, crystal clear
kroch, crawled
Kuchen, *m.* cake, cakes
Kuh, *f.* cow
  Kühe, cows
Küken, *n.* chicken, chicks
kultivieren, to cultivate
Kultur, *f.* culture
kurz, short
küssen, to kiss

L

lächerlich, ridiculous
lag, laid
lang, long
lange, a long time
Laub, *n.* foliage
laufen, to run
laut, loud
leben, to live
  leben Sie wohl, live well
Leben, *n.* life
legen, to lay
Lehrerin, *f.* teacher
Leidenschaft, *f.* passion
Lektion, *f.* lesson
lesen, to read
letzte, last
lieben, to love
Liebe, *f.* love
lief, ran
Limonade, *f.* lemonade
Linie, *f.* line

149

los! go on!
lösen, to solve

M

machen, to make
mag, ich mag, I like
magisch, magic
Mai, *m.* May
Mais, *m.* corn
Maisonne, *f.* May sun
man, one
Mandat, *n.* mandate
Mangel, *m.* lack
  ein Mangel an, a lack of
Mann, *m.* man
  Männer, *men*
Mantel, *m.* coat
Marmelade, *f.* marmalade
Marsch, *m.* march
marschieren, to march
  marschiert los, march off
März, *m.* March
Maschinen, *f.pl.* machines
Mayonnaise, *f.* mayonnaise
mehr, more
mein, meine (*etc.*)**,** my
Melancholie, *f.* melancholy
Melodie, *f.* melody
Menschen, *m.pl.* people
Meriten, *pl.* merits
Meter, *m.* meter, meters
Mexiko, *n.* Mexico
mich, me, myself
Milch, *f.* milk
militärisch, militaristic
Millionen, *f.pl.* millions
Minute, *f.* minute
  Minuten, minutes
mir, me, myself

mit, with
mitbringen, to bring along
mitgenommen, worn out
Mittag, *m.* noon
Mittagessen, *n.* dinner, lunch
Mittwoch, *m.* Wednesday
möchte, ich möchte, I would like
möchten Sie? would you like?
mögen, to like
möglich, possible
Moment, *m.* moment
  Momente, *moments*
Monat, *m.* month
Mond, *m.* moon
Monolog, *m.* monologue
Montag, *m.* Monday
morgen, tomorrow
Morgen, *m.* morning
morgens, in the morning
morsch, rotten
Motorboot, *n.* motorboat
müde, tired
Museum, *n.* museum
Musik, *f.* music
muss, must
müssen, to have to
  ihr müsst, you have to
Mutter, *f.* mother
Mutterinstinkt, *m.* motherly instinct
mütterlich, motherly
Mysterien, *n.pl.* mysteries
mysteriös, mysterious
Mysterium, *n.* mystery

N

nach, after, past
nachdem, after
Nachmittag, *m.* afternoon

nachsehen, to look for
nächsten, next
nahm, took
nahrhaft, nutritious
nass, wet
natürlich, naturally
nehmen, to take
nein, no
nennen, to call, to name
Nest, *n.* nest
neun, nine
neunhundert, nine hundred
neunundzwanzig, twenty-nine
neunzehn, nineteen
neunzig, ninety
nicht, not
nichts, nothing
Nichtsnutze, *m.pl.* good-for-noth-
   ings
nie, never
niesend, sneezing
noch, yet, still
   noch ein, another
   noch eins, one more word
Norden, *m.* north
Nostalgie, *f.* nostalgia
notwendig, necessary
November, *m.* November
Nudelsuppe, *f.* noodle soup
nun, now
nur, only

O

o! oh!
ob, whether
Obstgarten, *m.* orchard
Obstplantagen, *f.pl.* orchards
oder, or
ohne, without

Oktober, *m.* October
Oliven, *f.pl.* olives
Onkel, *m.* uncle
Orangen, *f.pl.* oranges
Orangenmarmelade, *f.* orange
   marmalade
Orchester, *n.* orchestra
ordinär, ordinary
Ort, *m.* place, spot
Osten, *m.* east

P

Pädagogie, *f.* pedagogy
Paket, *n.* package
Parade, *f.* parade
Park, *m.* park
   Parks, parks
parken, to park
Party, *f.* party
passieren, to happen, to pass
   over
Petroleum, *n.* petroleum
Pferd, *n.* horse
   Pferde, horses
Pflanzen, *f.pl.* plants
Pforte, *f.* gate
phantastisch, fantastic
picken, to pick
Picknick, *n.* picnic
Pläne, *m.pl.* plans
planschen, to splash
plötzlich, suddenly
Post, *f.* post office
Postkarten, *f.pl.* postcards
präsentieren, to present
Präsident, *m.* president
Predigten, *f.pl.* sermons
Problem, *n.* problem
produzieren, to produce

Professor, *m.* professor
Programm, *n.* program
Protest, *m.* protest
Pullover, *m.* sweater, sweaters
Pumpernickel, *n.* pumpernickel
pünktlich, on time

R

Radio, *n.* radio
rannte, ran
rapide, rapidly
raus, out
recht, right
reden, to converse
reflektieren, to reflect
regen, to stir
regnen, to rain
reichlich, abundant
rein, pure
resignieren, to give up
Respekt, *m.* respect
respektieren, to respect
Ressentiments, *n.pl.* resentments
Restaurant, *n.* restaurant
  Restaurants, restaurants
Rheumatismus, *m.* rheumatism
Rhythmus, *m.* rhythm
richtig, right
Richtung, *f.* direction
rief, shouted, cried out; called
riesig, huge
Ring, *m.* ring
Rosen, *f.pl.* roses
rot, red
rücksichtslos, inconsiderate
Ruhe, *f.* rest, peace
ruhig, calm
rund, round

S

saftig, juicy
sagen, to say
sah, saw
Salat, *m.* salad
Salz, *n.* salt
salzig, salty
sang, sang
Sardinen, *f.pl.* sardines
sauer, sour
Sauerkraut, *n.* sauerkraut
saufen, to drink, to guzzle
Schale, *f.* shell
  Schalen, shells
scharf, sharp
Schatten, *m.* shadow
schattig, shady
Schicksal, *n.* destiny, fate
Schiff, *n.* ship
  Schiffe, ships
Schirm, *m.* umbrella
Schlaf, *m.* sleep
schlafend, sleeping
schläft, sleeps, is sleeping
schlecht, bad
schlief, slept
schliesslich, finally
schloss, closed
Schluck, *m.* sip
schlüpfen, to slip
Schlussfolgerung, *f.* conclusion
schmecken, to taste
Schnabel, *m.* beak
schneien, to snow
schnell, quick, swift
schob sich, pushed herself
Schokoladenkuchen, *m.* chocolate cake
schon, already

schön, beautiful
Schönheit, *f.* beauty
Schöpfer, *m.* Creator
Schrecken, *m.* horror
schrecklich, terrible
schreiben, to write
schrie, screamed
Schritt, *m.* step
Schuhe, *m.pl.* shoes
schütteln, to shake
Schutz, *m.* protection
schwach, weak
Schwänzchen, *n.pl.* little tails
Schweigen, *n.* silence
Schwein, *n.* pig
Schwierigkeiten, *f.pl.* difficulties
Schwimmbad, *n.* swimming pool
schwimmen, to swim
sechs, six
sechshundert, six hundred
sechsten, sixth
sechsundzwanzig, twenty-six
sechzehn, sixteen
sechzig, sixty
See, *m.* lake
See, *f.* sea
sehen, to see
sehr, very
sei, were
seid: ihr seid, you are
Seife, *f.* soap
seine, his
selig, blissful
seltsam, strange
senden, to send
sensibel, sensitive
September, *m.* September
serviert, served
setzen, to set
  sich setzen, to sit down

sich, yourself, himself, herself
sichtbar, visible
sie, she; her; they; them
Sie, you
sieben, seven
siebenhundert, seven hundred
siebten, seventh
siebenundzwanzig, twenty-seven
siebzehn, seventeen
siebzig, seventy
Silbe, *f.* syllable
sind, are
singen, to sing
sitzen, to sit
  sitzen bleiben, to stay seated
so, so
Socken, *f.pl.* socks
sofort, immediately
solche, such
sollte, was supposed to, should
Sommer, *m.* summer
sondern, but
Sonnabend, *m.* Saturday
Sonne, *f.* sun
Sonnenschirm, *m.* parasol
Sonntag, *m.* Sunday
sonst, else
Sorgen, *f.pl.* worries
spät, late
spiegeln, to reflect
  spiegelte sich, was reflected
spielen, to play
Spiralen, *f.pl.* spirals
Spitze, *f.* tip, head
Sprache, *f.* language
Sprachlektion, *f.* speech lesson
sprechen, to speak
Spuren, *f.pl.* tracks, footprints
Stadt, *f.* city
stand, stood

starb, died
stark, strong
stellen, to put
  sich stellen, to face up to
stellt euch auf, line up
sterben, to die
  ihr sterbt, you die
Sterne, *m.pl.* stars
Stimmbänder, *n.pl.* vocal chords
Stimme, *f.* voice
  Stimmen, voices
stoppte, stopped
Strahlen, *m.pl.* rays
Struktur, *f.* structure
studieren, to study
Stunde, *f.* hour
  Stunden, hours
stürzen, to hurl
  sich stürzen, to dash
Süden, *m.* south
Südosten, *m.* southeast
Supermarkt, *m.* supermarket
Suppe, *f.* soup
süss, sweet

T

Tag, *m.* day
  Tage, days
tanzen, to dance
Tanzmusik, *f.* dance music
Tasse, *f.* cup
tatsächlich, really
tausend, thousand
Tee, *m.* tea
Teich, *m.* pond
Telegramm, *n.* telegram
Telephon, *n.* telephone
Temperatur, *f.* temperature
Terrasse, *f.* terrace
Territorium, *n.* territory

Teufel, *m.* devil
Theater, *n.* theater, theaters
tiefsten, deepest
Tiere, *n.pl.* animals
Tisch, *m.* table
Toast, *m.* toast
tolerieren, to tolerate
Tomaten, *f.pl.* tomatoes
Tomatensalat, *m.* tomato salad
Tourist, *m.* tourist
traf, met
tragisch, tragic
tranken, drank
transparent, transparent
trotzdem, nevertheless
tschüss, goodbye
Tulpen, *f.pl.* tulips

U

über, over; across; about
überhaupt, at all
Überraschung, *f.* surprise
  Überraschungen, surprises
übertrieben, exaggerated
Übungen, *f.pl.* exercises
um . . . zu, in order to
unangenehm, disagreeable
unbedingt, absolutely
unbeschreiblich, indescribable,
  wondrous
Uhr, *f.* watch, clock
und, and
undurchdringlich, impenetrable
unendlich, infinite
unentbehrlich, indispensable
unerzogen, ill-mannered
ungefähr, approximately
ungehorsam, disobedient
ungläubig, incredulous

unglaublich, incredible
Unglück, *n.* misfortune
unheilvoll, disastrous
Universum, *n.* universe
unmöglich, impossible
unsere, our
unterbrach, interrupted
Unterbrechung, *f.* interruption
untersuchen, to examine
unverbesserlich, incorrigible
unvergleichlich, incomparable
unvorhergesehen, unforeseen
unwahrscheinlich, improbable
üppig, abundant

V

Vase, *f.* vase
Vegetation, *f.* vegetation
verantwortlich, responsible
verdecken, to hide
Verfassung, *f.* condition
vergessen, to forget
verging, passed
vergnügt, joyous
verhielt, stopped short
verlassen, to leave, to abandon
verlockend, tempting
verpflichtet, obliged
versagen, to refuse; to break
   down
verschieden, different
verschwunden, disappeared
verstehen, to understand
Versuchung, *f.* temptation
verteidigen, to defend
verteilt, distributed
verwandeln, to convert
verwirrend, confusing
verwirrt, confused

Verwirrung, *f.* confusion
verzweifelt, desperate
Verzweiflung, *f.* despair
viel, much
viele, many
vier, four
vierhundert, four hundred
Viertel, *n.* quarter
vierunddreissig, thirty-four
vierundzwanzig, twenty-four
vierzehn, fourteen
vierzig, forty
Vögel, *m.pl.* birds
voll, full
vollbracht, completed
vollendet, completed
voller, full of
vor, before; with
vorbei, am . . . vorbei, past
vorher, before
Vorsicht, *f.* caution
Vortrag, *m.* lecture
   Vorträge, lectures

W

wach, awake
wahrhaftig, truly
Wahrheit, *f.* truth
wandern, to hike, to march
wann, when
war, was
waren, were
   es waren, there were
was, what
   was für ein, what a
   was für eine, what a
   was ist los? what's the matter?
Wäsche, *f.* laundry
waschen, to wash

Wasser, *n.* water
Wasserscheusal, water monster
weder . . . noch, neither . . .
   nor
weggehen, to go away
Weide, *f.* pasture, meadow
weil, because
weise, wise
weiss, white
weiss, ich weiss, I know
weite, wide
weiter, on, farther
weitere, further
weitergeben, to pass on
Weltschmerz, *m.* world weariness
wenigen, few
weniger, less
wenigstens, at least
wenn, if, when
wer, who
werden, to become
werfen, to throw
Wesen, *n.pl.* beings
Westen, *m.* west
wichtig, important
widerstehen, to withstand
wie, how, like, as
wiederholen, to repeat
wieviel, how much
windig, windy
Winter, *m.* winter
Wipfel, *m.* top, tops
wissen, to know
wo, where
wobei, whereat, during which
Woche, *f.* week
  Wochen, weeks
Wohlgerüchen, *m.pl.* sweet scents
wollen, to want
  ihr wollt, you want

Wort, *n.* word
  Worte, words
wunderbar, wonderful
wunderschön, very beautiful
wurden, were, became

Z

zählen, to count
Zauber, *m.* spell
Zaun, *m.* fence
zehn, ten
zeigen, to show, to point to
Zeit, *f.* time
Zeremonien, *f.pl.* ceremonies
zeugte von, was evidence of
Zigaretten, *f.pl.* cigarettes
Zirkus, *m.* circus
Zitronen, *f.pl.* lemons
zögern, to hesitate
zu, to
  zu Hause, at home
Zucker, *m.* sugar
Zuckerdose, *f.* sugarbowl
zuerst, first
zufrieden, content
zuhören, to listen to
zum, to the
zur, to the
zurück, back
zurückkommen, to come back
zwanzig, twenty
zwei, two
zweihundert, two hundred
zweiten, zweites, second
zweiunddreissig, thirty-two
zweiundfünfzig, fifty-two
zweiundvierzig, forty-two
zweiundzwanzig, twenty-two
zwölf, twelve

INDEX

Articles (the, a, an)
  the: **der,** 119, 137, Lesson 1
    die, 119, 120, 141, Lesson 5,
      Lesson 6
    das, 119, 140, Lesson 2
  a, an: **ein,** 120, 138, 140
    eine, 120, 139, Lesson 5,
      Lesson 19
    einen, 138, Lesson 26
  declension of articles, 137
Auxiliary verbs. *See:* **müssen,**
  können, sein, haben

Conjugation of verbs
  present tense of regular verbs,
    124
  present tense of irregular verbs,
    128
  past tense of regular verbs, 125,
    126
  past tense of irregular verbs,
    132
  imperfect tense, 133
  verbs formed with **sein,** 126
Contractions
  fürs, 135
  im, ins, 135
  zum, zur, 135

das (the), 119, 140, Lesson 2
Days of the week, 106
Declensions, 137, Lesson 26
Definite articles (the)
  der, 119, 137, Lesson 1
  die, 119, 120, 139, 141, Lesson
    5, Lesson 6
  das, 119, 140, Lesson 2
der (the), 119, 137, Lesson 1

die (the), 119, 120, 141, Lesson 4,
  Lesson 5, Lesson 6
du (you, thou), 134
es gibt (there is, there are),
  Lesson 15, Lesson 16, Lesson
  17, Lesson 18

Familiar form of address, 134
Feminine
  articles, 119, 139, Lesson 4, Les-
    son 5
  nouns, 121, Lesson 4, Lesson 5
  plurals, 121, 122, Lesson 6
  declensions, 139
für (for)
  contractions with **für,** 135

gehen (to go)
  present tense, Lesson 8
  past tense, 127, Lesson 33
  See: Past tense of verbs formed
    with **sein**
gibt es? (is there? are there?), Lesson 15, Lesson 16, Lesson 17,
  Lesson 18

haben (to have)
  present tense, 129, Lesson 5,
    Lesson 24
  used as an auxiliary, 125, Les-
    son 19, Lesson 20, Lesson 21,
    Lesson 22, Lesson 23, Lesson
    25, Lesson 26, Lesson 27,
    Lesson 28
Hamburg, Lesson 16

ihr (you), 134
in (in, at, to)

contractions with **in**, 135, Lesson 2, Lesson 8
Indefinite articles (a, an)
  ein, 120, 138, 140
  eine, 120, 139, Lesson 5, Lesson 19
  einen, 138, Lesson 26
Infinitives
  use of infinitives, Lesson 29, Lesson 30, Lesson 31
Irregular verbs, 128

kann
  ich kann (I can), 128
  used with infinitives, Lesson 31
können (to be able), 128
  used with infinitives, Lesson 31

mag
  ich mag (I like), Lesson 13
Masculine
  articles, 119, 120, 137, Lesson 1
  nouns, 121, Lesson 1
  plurals, 121, 122
  declensions, 137, Lesson 26
Meals, 107
mögen (to like), Lesson 13
Months of the year, 107
muss
  ich muss (I must, I have to), 128
  used with infinitives, Lesson 30
müssen (to have to), 128
  used with infinitives, Lesson 30

Negative
  keine, Lesson 18
Neuter
  articles, 119, 120, 140, Lesson 2
  nouns, 121, Lesson 2

plurals, 121, 122
declensions, 140
Nouns
  singular masculine, 121, Lesson 1
  plural masculine, 121, 122
  singular feminine, 121, Lesson 4, Lesson 5
  plural feminine, 121, 122, Lesson 6
  singular neuter, 121, Lesson 2
  plural neuter, 121, 122
  declensions, 138, 139, 141
Numbers, 105

Past participles
  regular verbs, 125, Lesson 19, Lesson 20, Lesson 28
  irregular verbs, 132, Lesson 21, Lesson 22, Lesson 23, Lesson 27
  of verbs formed with **sein**, 127
Past tense
  regular verbs, 125, Lesson 19, Lesson 20, Lesson 26, Lesson 28
  irregular verbs, 132, Lesson 21, Lesson 22, Lesson 23, Lesson 27
  formed with **sein**, 126, Lesson 33
Plural
  masculine, 121, 122
  feminine, 121, 122, Lesson 6
  neuter, 121, 122

Seasons, 107
sein (to be)
  present tense, 126, 129, Lesson 32

past tense of verbs formed with **sein,** 126, Lesson 33
Spelling differences, 122
   C becomes K, 123
   SH becomes SCH, 123
Story: **Die frechen Küken** (The Insolent Chicks), 108

Time, 101

Useful Expressions
   Lesson 1, Lesson 5, Lesson 6, Lesson 10, Lesson 11, Lesson 13, Lesson 21, Lesson 24, Lesson 28, Lesson 30, Lesson 31

Verbs
   present tense of regular verbs, 124, Lesson 8, Lesson 9, Lesson 10, Lesson 11
   present tense of irregular verbs, 128
   past tense of regular verbs, 125, Lesson 19, Lesson 20, Lesson 26, Lesson 28
   past tense of irregular verbs, 132, Lesson 21, Lesson 22, Lesson 23
   use of infinitive, Lesson 29, Lesson 30, Lesson 31
   past tense formed with **sein,** 126, Lesson 33
   list of verbs formed with **sein,** 127
   sample verbs of regular verbs, 124, 126, 133
   sample verbs of irregular verbs, 128, 129, 130, 131, 132
Vocabulary, 142

wo ist? (where is?), Lesson 1, Lesson 2, Lesson 7
wo sind? (where are?), Lesson 7
wollen (to want), 129
Word order, 135, Lesson 22, Lesson 23, Lesson 25

zu (to)
   contractions with **zu,** 135

ABOUT THE AUTHORS

Margarita Madrigal was born in Costa Rica of a Costa Rican father and an American mother. Her books have sold well over a million copies and her texts are used in many school systems throughout the United States. Her linguistic research has taken her to many countries, and she is equally at home in Rome, London, Mexico City, Athens or Rio de Janeiro. She now lives in New York City where she conducts private classes.

Ursula Meyer, born and brought up in Hamburg, Germany, is a graduate of the University of Hamburg. Before coming to the United States, several years ago, she taught for five years in the German public schools. She now makes her home in New York City, where she also conducts private language classes.